Tiere
Freunde fürs Leben

Kleine Schnüffler ganz groß

Sonderband 1

Sunny jagt den Dieb Seite 3
Gib nicht auf, Max! Seite 161

Dino

Die Deutsche Bibliothek – CIP-Einheitsaufnahme
Ein Titelsatz für diese Publikation ist bei
der Deutschen Bibliothek erhältlich.

Tiere – Freunde fürs Leben, Sonderband 1

*Dieses Buch wurde auf chlorfreiem,
umweltfreundlich hergestelltem Papier gedruckt.*

Redaktion: Claudia Weber
Redaktionelle Mitarbeit: Silke Schlegel, Marisa Reinelt
Umschlaggestaltung: TAB Werbung, Stuttgart
Umschlagfotos: Juniors Bildarchiv
Satz: Greiner & Reichel, Köln
Druck und Bindung: GGP Media, Pößneck

ISBN 3-89748-666-0

Dino entertainment AG im Internet: www.DinoAG.de
Bücher – Magazine – Comics

Tiere
Freunde fürs Leben

Sunny jagt den Dieb

Uschi Zietsch

Nächste Station: Planet Erde

Aua! Was ist denn jetzt los?

Ziemlich unsanft bin ich auf dem harten Boden gelandet.

Plötzlich ist alles ganz anders. Bisher war es so schön warm und gemütlich, doch nun ist es kalt und hell – fast ohne Vorwarnung. Mehr als ein bisschen Unruhe habe ich nicht gespürt und nicht darauf geachtet. Und jetzt? Ehe ich mich versehe, werde ich aus meiner schützenden Höhle hinausgeschubst!

Das ist gemein! Ich strample mit den Beinen und wehre mich, bin völlig verklebt und kann nichts sehen. Am liebsten möchte ich wieder zurück, aber ich finde den Weg nicht mehr. Außerdem ist jede Bewegung mit Anstrengung verbunden, das kenne ich gar nicht! Bisher war alles so leicht und schwerelos …

Aber da spüre ich etwas Warmes, Weiches, das mich liebevoll berührt. Und ich höre ganz leise Laute.

„Keine Angst, kleiner Hüpfer“, flüstert die Stimme zärtlich. „Ich bin deine Mama und reibe dich mit meiner Zunge trocken. Dann frierst du nicht. Und vergiss nicht zu atmen, denn das musst du nun selbst tun."

Das sagt sie so einfach. Ich schnaufe und pruste und ich muss husten. Das ist alles so neu – beängstigend. Ich bin froh, dass Mama bei mir ist und mich mit ihrer Stimme beruhigt. Ich mag es, wie sie mit ihrer Zunge über mein Fell gleitet.

„Was erwartet mich, Mama?", wispere ich.

„Eine aufregende Welt", antwortet sie. „Du bist ein Pferdchen, mein Kleines. Bald wirst du auf vier starken Beinen mit harten Hufen stehen und rennen wie der Wind. Du wirst schwere Lasten tragen können, wenn du erst erwachsen bist, und das weite Land wird dein Reich sein."

Das klingt toll – aber auch ziemlich unwahrscheinlich. Im Moment kann ich ja noch nicht mal meinen Kopf hochhalten, weil er so schwer ist! Er wackelt hin und her und plumpst wieder auf die Erde.

„Ich schaffe das nicht, Mama", seufze ich.

„Das wird schon, kleiner Hüpfer", tröstet mich Mama und stupst mich mit der Nase an. Sie bläst mir ihren warmen Atem ins Ohr.

„Wihi", mache ich. Das kitzelt! Immerhin kann ich meine Ohren schon drehen. Aber was ist das? Da sind ja noch weitere Stimmen um mich herum, es summt richtig. Sie klingen aber gar nicht wie Mama, sondern völlig fremd.

„Ich hab Angst“, murmle ich.

„Das brauchst du nicht“, beruhigt mich Mama. „Das sind keine Feinde, sondern Menschen. Sie sind unsere Freunde, die uns beschützen, und wir tragen sie zum Dank auf unserem Rücken. Sie geben uns Nahrung und dafür arbeiten wir. Das wirst du alles noch kennen lernen. Aber jetzt steh erst mal auf.“

Also, ich bin doch gerade erst auf die Welt gekommen und schon soll ich aufstehen?

„Aber ...“

„Warte, ich wasche erst dein Gesicht, damit du endlich die Augen aufmachen kannst. Dann wirst du sehen, was ich meine.“

„Mmmmmpfffff...“ Ihre große, breite Zunge schlabbert über mein Gesicht, jetzt ist es erst recht nass. Aber dann merke ich, dass ich endlich die Augen öffnen kann.

Ich blinzle, die Helligkeit blendet mich. Als ich mich einigermaßen daran gewöhnt habe, schaue ich mich um. Es ist alles noch ziemlich verschwommen. Ich erkenne entfernt einige lange, dünne Gestalten, nicht mehr als dunkle Schemen, die sich schnell bewegen.

„Sie zittern und zappeln so, da kann ich doch nichts erkennen!“, beschwere ich mich.

„Das kommt davon, dass sie sehr aufgeregt

sind über deine Geburt“, klärt Mama mich auf. „Das ist für Menschen immer etwas ganz Besonderes.“

„Ohh“, höre ich wieder Menschenstimmen. „Was für große dunkle Augen! Ein süßes Fohlen!“

„Wann steht es denn endlich auf?“, will eine helle Stimme wissen.

„Mama, ich kann die Menschensprache verstehen!“, wiehere ich erstaunt.

„Natürlich, Kleines“, antwortet Mama. „Du bist zwar gerade erst geboren worden, aber du kannst schon eine Menge. Wir Pferde werden sehr schnell selbstständig. Das ist auch notwendig, denn in der Wildnis lauern viele Gefahren, die wir auch gleich nach der Geburt schon kennen müssen, um zu überleben.“

„Hallo!“, rufe ich den Menschen zu. „Kommt doch näher, ich kann euch nicht richtig sehen!“

Sie schnattern alle durcheinander, dieses Stimmengewirr kann ich nicht mehr auseinander halten.

„Aber umgekehrt, mein Kleines, verstehen die Menschen dich nicht“, belehrt mich Mama.

„Das ist aber schade. Da können wir uns ja gar nicht richtig unterhalten! Wissen die Menschen noch weniger als ich kleines Fohlen?“

„Aber nein“, lacht Mama. „Sie haben unsere Sprache nur vergessen, weil sie so viel anderes im Kopf haben.“ Sie stupst mich wieder an. „Jetzt aber auf mit dir!“

„Mama, ich bin sooo müde ...“ Es ist sehr anstrengend, auf die Welt zu kommen. Außerdem tut mein Bauch weh, da ist so ein unheimliches Rumoren drin.

„Mama, mein Bauch grummelt so ...“

„Weil du Hunger hast, kleiner Faulpelz. Und ganz schnell deine erste Milch brauchst, die dich stärkt und dir hilft zu überleben.“

„Kannst du sie mir geben?“

„Ja, aber dazu musst du aufstehen. Sieh her, ich stehe schon.“

Ich hebe den Kopf wieder und diesmal geht es schon ganz gut. Hui, da muss ich aber weit hinaufgucken! Zunächst mal sehe ich da nur ewig lange Beine und dann einen großen Körper. Mama ragt riesengroß über mir auf, aber sie kann trotzdem immer noch ihren Kopf zu mir herabsenken. Ihre Nüstern sind gebläht, sie schnuppert prustend, packt dann plötzlich mein Ohr mit weichen Lippen und zieht leicht daran.

„Los, hoch!“

„Grrrmmmgrrrr“, macht es laut in meinem Bauch. Es hilft nichts, ich muss aufstehen. Diesen Hunger halte ich nicht mehr lange aus.

Wenn Mama sich nur neben mich hinlegen würde und mir die Milch geben!

Gemein, niemand hilft mir kleinem Fohlen! Die Menschen sind immer noch da und reden viel, aber sie kommen nicht näher. Alle scheinen nur darauf zu warten, dass ich von selbst nach der Milch suche!

Ein großer Schritt voran

Also dann. Erst einmal muss ich herausfinden, wie ich mich bewegen kann. Meine Beine sind ziemlich lang und dünn und irgendwie durcheinander. Ich werd sie erst mal sortieren. Also … das ist mein eines Vorderbein. Und das hier das andere. Nein, nein, das ist ein Hinterbein! Aua, was hab ich falsch gemacht? Jetzt stimmt gar nichts mehr!

„Mama!“, wiehere ich. Hilfe suchend schaue ich zu ihr hoch. „Guck doch mal!“

Sie wirft mir aber nur einen schnellen Blick zu und – lacht! „Dummerchen, was machst du denn da? Das ist ja ein regelrechter Knoten in deinen Beinen! So klappt das nicht!“

Das hab ich auch schon gemerkt.

„Versuch es nur weiter, du wirst es schon herausfinden.“

Seelenruhig widmet Mama sich wieder einer anderen Beschäftigung. Ich glaube, ich höre ihre Zähne mahlen. Mein Magen knurrt und sie isst einfach – Gemeinheit!

Allmählich werde ich wütend. Ich stoße mich ab – und lande mit der Nase im Stroh.

Und zu allem Überfluss lachen jetzt auch noch die Menschen. „Wie süß!", rufen sie begeistert. „Versuch's noch mal, kleiner Springinsfeld, du schaffst es!"

Das tröstet mich ein bisschen. Immerhin widmen sie mir mehr Aufmerksamkeit als Mama. Und der Hunger wird immer ärger. Also: die Hinterbeine unter den Bauch, die Vorderbeine nach vorn, und dann hinten hochgestemmt!

Pardauz, da liege ich schon wieder! Mama schaut zu mir herunter. „Kleines, nicht wie eine Kuh", belehrt sie mich heiter. „Erst vorn, dann hinten! So steht ein Pferd auf!"

Warum hat sie das nicht gleich gesagt? Gleich noch mal: Die Vorderbeine nach vorn, die Hinterbeine unter den Bauch. Und dann vorne hochgestemmt ... langsam mit den Vorderbeinen heranrutschen ... ja ... hurra, ich sitze! „Wihi!", verkünde ich meinen Sieg.

„Sehr gut. Die Menschen klatschen dir auch Beifall, hörst du?", muntert Mama mich weiter auf. „Dann stell dich mal auf die Hinterbeine, und schon hast du es geschafft!"

Hmmm, eines nach dem anderen? Beide gleichzeitig? Vorsichtig will ich mich hochstemmen ... aber da rührt sich gar nichts. Meine Hinterpartie ist ja noch schwerer als der Kopf!

„Nur zu, mit Schwung!“

Ach so! Ja, das könnte gehen. Kraft sammeln, abstoßen und ... hurra, meine ersten Schritte! Zumindest die Vorderbeine gehen, aber meine Hinterbeine streben irgendwie auseinander ... und jetzt komme ich vorn ins Wackeln ... und die Vorderbeine gehen in die Grätsche ... und ...

... ich liege wieder da. Langsam werd ich aber sauer. Also noch mal. Am besten gleich alles mit Schwung und dann erst mal still gestanden, bis das Wackeln aufhört!

Na ja, beim ersten Mal falle ich noch um, aber beim zweiten Mal stehe ich – jawohl, auf allen vier Beinen!

„Bravo!“, loben mich die Menschen. Sie schnattern wieder aufgeregt durcheinander, aber zum Glück kommt niemand näher. Das könnte ich jetzt wirklich nicht gebrauchen.

„Dann komm mal her, damit ich dir Milch geben kann“, wiehert Mama mir mit halb geneigtem Kopf zu.

Sie könnte natürlich auch zu mir herkommen. Aber ich habe inzwischen begriffen, dass Mama so ziemlich genaue Vorstellungen darüber hat, wer was zu tun hat.

Zaghaft hebe ich einen Huf ... ja, es ist der vorne, genau der, den ich wollte. Jetzt der andere ... Moment mal, da ist doch schon wieder was falsch! Ich stehe ja trotzdem in der Grätsche!

„Du musst die Hinterbeine nach vorne setzen“, rät mir Mama.

Leicht gesagt, aber wie getan? Immer, wenn ich einen Huf heben will, geraten die anderen gefährlich ins Schwanken. „Mama, was mache ich jetzt nur?“, beklage ich mich.

„Ein Schaukelpferd!“, ruft ein Mensch entzückt.

Allerdings, ich schaukle hin und her, alles wackelt und zittert ... am besten versammle ich ganz schnell alle Beine unter mir und gehe dann mit allen gleichzeitig los! Schnell, gleich ...

„Ptui! Pfuhh! Wi-tschiii!“, entfährt mir ein Niesen, als ich schon wieder mit der Nase im Stroh lande. Ich liege da, habe immer noch einen Bärenhunger, meine Ohren hängen runter, und alle um mich herum lachen.

Ich richte mich auf, schüttle meinen Kopf und pruste unwillig. Hm, das geht aber inzwischen schon gut. Vielleicht klappt es jetzt auch mit dem Aufstehen besser? Das habe ich doch schon ein paarmal geübt. Na bitte, schon stehe ich ... o weh, aber immer noch sehr wacklig. Und ich habe keinen blassen Schimmer, wie ich meinen ersten Schritt hinbekommen soll, ohne wieder in die Grätsche zu gehen.

Aber stehen bleiben kann ich auch nicht. Und Mama lockt mich mit ihrer Milch. Sie scharrt mit einem Huf und wartet. Ach was, jetzt geh ich einfach drauflos! Mir doch egal, mit welchem Huf zuerst oder mit allen gleichzeitig, ich will endlich trinken!

„Hui-huii!", höre ich die Menschen hinter mir, als ich loslege.

Wie-ppi, ich nähere mich Mama! „Ich komme!"

„Fein, mein Kleines. Du machst das prima."

Gleich bin ich bei ihr! Wenn ich nur wüsste, wie ich meinen Beinen befehlen kann, die Richtung zu halten ... und stehen zu bleiben ... ich blicke gar nicht mehr durch ...

Und – *plumps*! Das muss wohl so sein. Enttäuscht lasse ich den Kopf hängen.

„Sehr gut", lobt Mama. „Gleich hast du's gepackt. Komm, noch mal! Das schaffst du."

Das spornt mich an. Ich rapple mich wieder hoch, stakse unbeholfen ein paar Schritte ... und dann kann ich mich endlich an Mamas großen, warmen Körper lehnen. Seufzend schließe ich die Augen, ich muss erst mal verschnaufen.

Aber nur kurz, dann treibt der Hunger mich wieder an. Zufrieden stelle ich fest, dass ich immer noch stehe. So, und wo kommt jetzt die Milch her?

Mama brauche ich nicht zu fragen, sie hat die Nase schon wieder im Heu und kaut. Ich muss es allein versuchen, erst wenn ich mich gar zu dumm anstelle, wird sie mir helfen.

Ich wittere mit meiner kleinen Nase, aber sie zeigt mir leider nicht den richtigen Weg. Vielleicht zwischen den Vorderbeinen? Das wäre wenigstens die Richtung, in der ich stehe. Ich schnobere zwischen den Beinen entlang, greife mit meinen Lippen nach einer Hautfalte und fange an zu nuckeln.

„Wihihi“, kichert Mama, „das kitzelt! Was hast du denn hier vorne vor?“

Sie stampft mit einem Huf auf, und ich falle beinahe um. „Wo ist nur die Milch?“, beschwere ich mich.

„Na, hinten“, lautet die Antwort.

O weh, da muss ich mich umdrehen. Aber ich schaffe es, indem ich mich an Mama lehne. Mit der Nase suche ich alles ab. Immer wieder glaube ich richtig zu sein und nuckle los, aber Mama wiehert jedesmal vor Lachen. „Das ist doch meine Flanke! Und das mein Knie! Also, an meinem Schweif bist du total falsch!“

„Gleich hast du's geschafft!“, rufen die Menschen. Sie haben immer noch Geduld. „Ein bisschen mehr nach vorn … und dann runter! Am Bauch unten! Versuch's doch!“

„Ihr habt gut reden! Macht ihr mal dasselbe durch wie ich!“ Mir ist schon alles gleich. Allmählich knicken meine Knie ein, weil ich nicht mehr stehen kann. Unwillkürlich rutscht mein Kopf nach unten, und da … da kann ich was wittern! Einen kleinen, süß duftenden Milchtropfen! Endlich habe ich es geschafft!

Meine Zunge tastet sich vor und dann bin ich am Ziel. Genüsslich fange ich an zu saugen und mein Bauch füllt sich mit warmer Milch.

Ich sauge so lange, bis meine Mama nichts mehr übrig hat. Jetzt bin ich pappsatt und schrecklich müde. Wo ich gerade stehe, lasse ich mich ins Stroh plumpsen und strecke die Beine von mir.

Menschenskind

Uuuah, so ein kleines Nickerchen ist prima, ich fühl mich schon viel munterer. Ich hebe mühelos den Kopf und gucke mit großen Augen umher – zum ersten Mal kann ich meine Umgebung richtig gut erkennen. Huh, wer sitzt den da so dicht bei mir? Mama, wo bist du?

Sie steht ganz in der Nähe – und frisst. Macht sie denn je was anderes? Aber anscheinend droht keine Gefahr, sonst wäre sie bestimmt nicht so ruhig.

„Mama, was ist das?“, frage ich zaghaft.

„Das ist ein Menschenkind“, antwortet Mama. „Freunde dich nur mit ihm an! Es ist ein Mädchen und tut dir bestimmt nichts, ich kenne es gut.“

Vorsichtig recke ich den Kopf und versuche den Menschengeruch aufzunehmen. Meine Ohren drehen sich heftig. Zum ersten Mal bin ich einem Menschen so nahe und kann ihn deutlich sehen.

„Hallo, Pferdchen“, flüstert das Mädchen mit sanfter, ruhiger Stimme. Es hat eine ziemlich lange Mähne, aber kein Fell im Gesicht. Das sieht komisch aus.

„Ich bin Anja. Ich habe hier gewartet, bis du aufwachst. Du brauchst keine Angst vor mir zu haben …"

Na, so sicher bin ich mir da noch nicht. Anja riecht sehr fremd und sie sieht nicht im Entferntesten wie Mama aus. Meine kleinen Nüstern blähen sich ganz weit und ich pruste Anja an.

„Wie ein großes Pferd kannst du das schon!", sagt Anja. Sie streckt langsam eine Hand aus. Was hat sie vor?

„Na komm …", lockt sie mich. „Ich tu dir bestimmt nicht weh."

Ihre Finger kommen immer näher. Ob sie mich etwa berühren will? Ich weiß nicht so recht … das will ich eigentlich nicht. Wenn sie mich dann festhält und mitnimmt, weg von meiner Mama? Ich stehe lieber auf!

Anja schreckt zurück, als ich aufspringe. Ein bisschen unbeholfen, aber ohne zu stürzen, stakse ich zu Mama und umrunde sie. Von der anderen Seite gucke ich unter ihrem Hals durch und beobachte Anja. Neugierig bin ich ja schon, aber lieber aus sicherer Distanz.

Anja steht auf, sie ist viel kleiner als Mama. Sie sieht überhaupt ziemlich schmal aus, gar nicht gefährlich. Und sie hat ganz helle, strahlende Augen, die toll zu ihrer dunklen Mähne passen. „So ist es recht", sagt sie fröhlich. „Sei nur schön vorsichtig, kleiner Springinsfeld. Wir haben genug Zeit, uns kennen zu lernen. Ich bin nämlich oft hier, musst du wissen, weil mein Bruder ..."

„Ja? Warum sprichst du nicht weiter? Deine Stimme klingt auf einmal so leise."

In diesem Moment kommt ein zweiter Mensch zu uns in die Box, viel größer und dicker als Anja. Jetzt ist es doch ein Glück, dass ich mich vorher schon in Sicherheit gebracht habe.

„Na, wie geht es der Kleinen?", will der Mensch wissen und meint damit wohl mich.

„Sie ist munter, Doktor Kleiber", antwortet Anja für mich, als wüsste sie, was ich sagen würde. „Und sie läuft schon viel besser."

Doktor Kleiber nickt mit dem Kopf. Er hat eine weiße Stoppelmähne, die fast sein ganzes Gesicht bedeckt. Er strahlt Ruhe aus, ich muss wohl doch keine Angst haben. Mama kümmert sich überhaupt nicht um ihn.

„Sie schaut schon recht keck in die Welt", stellt er fest. „Eine hübsche kleine Stute. Habt ihr schon einen Namen für sie?"

„Noch nicht, vorher waren wir uns nicht einig, was es wird", sagt Anja, „und hinterher waren wir viel zu aufgeregt ... weil alles gut gegangen ist und das kleine Fohlen getrunken hat ... stimmt es eigentlich, dass die erste Milch lebenswichtig ist?"

„Ja", bestätigt der Doktor. „Man nennt sie Kolostralmilch, sie ist das Wichtigste gleich nach der Geburt, denn durch sie nimmt das Fohlen alle Schutzstoffe auf, die es braucht, um weniger anfällig gegen Krankheiten zu sein. Das gilt übrigens für alle Säugetiere."

„Und wann darf sie auf die Koppel?", erkundigt sich die wissbegierige Anja.

Koppel? Was das wohl ist?

„Ich werde sie und Susa erst mal gründlich untersuchen, dann soll die Kleine hier in der Box ihre nächsten Schritte üben, trinken und schlafen. Aber ab morgen steht dem ersten Ausflug nichts im Wege", antwortet der Doktor.

„Mama, was ist ein Ausflug? Und eine Koppel?", frage ich.

„Du wirst es morgen kennen lernen", murmelt Mama zwischen zwei Bissen. „Wenn ich versuche es dir zu erklären, verstehst du es doch nicht."

Alles ganz schön verwirrend hier draußen in der Welt. Da stärke ich mich lieber gleich noch mal. Zumindest weiß ich schon, dass ich Mamas Euter anstupsen muss, damit die Milch schneller kommt. Während ich nuckle, höre ich weiter den Menschen zu.

„Darf ich dabeibleiben und zusehen?“, fragt Anja.

„Aber natürlich. Du kannst mir sogar helfen. Vor dir wird das Fohlen weniger Angst haben, denn du bist klein und ebenfalls ein Kind. Das spürt dieser kleine Hüpfer und wird sich weniger aufregen.“

Nachdem ich fertig getrunken habe, kommt Anja langsam auf mich zu. Der Doktor geht zu Mama.

„Was passiert jetzt?“, frage ich unruhig.

„Keine Angst“, tröstet Mama mich. „Je ruhiger du bist, desto schneller sind wir sie wieder los.“

Ich drücke mich an Mama und zittere ein bisschen, als Anja mich zum ersten Mal berührt. Es ist aber gar nicht unangenehm – sie hat weiche, warme kleine Hände, die behutsam mein Fell streicheln. Beinahe wie Mamas Zunge. Ich halte ganz still und weiß nicht so recht, ob es mir nun gefällt oder nicht.

Als dann auch noch der Doktor herkommt, würde ich am liebsten weglaufen – aber hinter mir ist Mama, auf der einen Seite Anja und auf der anderen der große Mann.

„Wihi“, mache ich leise. „Tut mir ja nichts, meine Mama ist groß und stark!“

„Nur keine Angst“, spricht der Doktor sanft auf mich ein. „Was für wunderschöne, lange Wimpern du hast, kleines Mädchen!“

„Und sie hat eine kleine Blesse auf der Stirn. Ich glaube, sie wird ganz blond sein.“

„Es ist gut möglich, dass sie ein Lichtfuchs wird – so nennt man diese ‚blonden‘ Pferde. Genau werden wir das in wenigen Wochen wissen, sobald sie ihr erstes Fohlenfell gewechselt hat.“

Er fasst mein Gesicht an, das mag ich nicht! Ich versuche den Kopf wegzuziehen, aber Anja streichelt mich unentwegt und redet auf mich ein.

Dann ist der Doktor endlich fertig. „Alles bestens!“, äußert er sich zufrieden. „Gesund und kräftig, wie es sich für einen Haflinger gehört.“

Das will ich doch hoffen! Diese ganze Aufregung hat mich aber wieder müde gemacht. Ich stakse um Mama herum, damit sie zwischen mir und den Menschen steht und mich notfalls beschützen kann, und lege mich lang.

Schnell wie der Wind

Mit einem unsanften Nasenstüber werde ich geweckt. „Was ist denn?“, beschwere ich mich.

„Auf, kleiner Hüpfer!“, wiehert Mama energisch. „Es ist schon heller Tag!“

„Natürlich, das war es doch vorhin auch!“, erwidere ich gähnend. Langsam kämpfe ich mich auf die Beine. Das kann ich schon richtig gut. Schnell noch ein bisschen Milch, mein kleiner Bauch knurrt schon wieder.

„Zwischen vorhin und jetzt lag aber eine ganze Nacht und die hast du völlig verschlafen!“, erklärt mir Mama. „Kein Wunder, dass du hungrig bist!“ Sie lacht und stampft mit dem rechten Hinterhuf auf, anscheinend kitzle ich sie schon wieder.

„Die ganze *Nacht*?“, wiederhole ich, nachdem ich hinuntergeschluckt habe. „Und was passiert da normalerweise?“

„Wenn es hell ist, nennt man es Tag, wenn es dunkel ist, Nacht, und das wechselt sich immer ab“, belehrt mich Mama. „So zählen auch die Menschen ihre Zeit. Und jetzt ist es für uns Zeit, auf die Weide zu kommen!“

Sie schüttelt sich und wiehert. „Hoffentlich kommt bald jemand, ich will endlich raus!"

Ihre Nervosität steckt mich an und ich weiß nicht, was ich machen soll. Droht denn Gefahr? Warum will Mama weg?

Oh, da wird die Box geöffnet – weit auf!

„Guten Morgen, ihr beiden!", begrüßt uns Anja. „Was für ein Glück, dass heute schulfrei ist, dann erlebe ich den ersten Ausflug mit!" Sie deutet auf einen Menschen neben sich, der lang und dünn ist und eine graue, ziemlich wirre Mähne hat. „Das ist Berti", sagt sie zu mir. „Er pflegt und versorgt euch. Auf ihn musst du hören, Fohlen."

„So, und jetzt raus, ihr beiden! Susa, du kennst ja den Weg, meine Gute. Wir brauchen kein Halfter ... aber renne nicht gleich alles um!", sagt Berti mit rauer Stimme.

„Endlich, endlich!", wiehert Mama.

Ich schmiege mich ganz fest an sie und beäuge erst mal alles. Als sie sich in Bewegung setzt, muss ich mich beeilen. „Mama, nicht so schnell", bitte ich. Es gibt so viel zu gucken, alles ist so fremd ... und ich verlasse nicht gern die schützende Box. Wer weiß, was mich draußen erwartet!

Helligkeit!

Mama vibriert vor Unruhe. „Jetzt komm doch!", schnaubt sie mich an.

Ich wackle fest an sie gedrückt mit. Hui, hier kann man ja ganz weit schauen! Da sind jede Menge Leute und … andere Pferde!

„Mama, wohin gehen wir?“, frage ich zaghaft.

Aber sie hört mich gar nicht mehr. Ihre Hufe klappern eine Art Gasse entlang, die links und rechts durch Stangen begrenzt ist. Doch auf einmal ist die Begrenzung weg und wir stehen auf einem riesigen Platz. Der Boden ist hier ganz weich und stellenweise zartgrün.

„Das ist die Weide, kleiner Hüpfer!“, ruft Mama. Sie hat den Kopf ganz hochgereckt und wiehert lauthals. Sie meldet, dass ich geboren bin und das schönste Fohlen von allen, und dass sich niemand in der Nähe blicken lassen soll.

„Weide, Mama?“, hake ich nach, als sie endlich damit fertig ist.

„Das ist gute Erde und wachsendes Gras, denn bald kommt der Frühling und wir haben Platz zum Laufen!“

Bevor ich recht kapiere, was da geschieht, macht Mama einen Satz nach vorn und rast dann mit fliegenden Hufen davon.

Und dann ist sie weg.

„Mama!“, rufe ich entsetzt.

„Komm, komm!“, lockt sie mich.

Wie soll ich denn da hinterherkommen? Ich

hab doch gerade erst mühsam das Gehen gelernt!

Aber ich kann auch nicht einfach hier stehen bleiben, ich brauche Mama. Ich fürchte mich ganz schrecklich, so allein. Ich wiehere jämmerlich, hoch und fiepend. Meine winzige Fohlenmähne ist gesträubt, und mein kleiner kurzer Schweif kreiselt. „Maaaamaaaaa!"

Mama hört mich nicht, sie galoppiert auf der Weide herum, von links nach rechts, fliegender Wechsel, und in die andere Richtung. Sie schnaubt und prustet vor Glück, ihre lange, helle Mähne flattert nur so. Da kann ich gar nicht anders, ich muss hinterher. Ohne nachzudenken, stolpere ich los. Die ersten Sprünge sind ziemlich holprig und ich verwechsle immer noch die Beine. Aber ich falle nicht mehr hin, Mamas Tempo reißt mich einfach mit. Immer länger werden die Schritte, immer schneller bewegen sich die Beine. Und dann galoppiere ich! Ich sause dahin wieeeee der Wind! Der Boden fliegt unter den Hufen dahin, der Wind saust um die Nüstern, alles zieht rasend schnell vorbei …

Nur wie man bremst, das habe ich noch nicht raus. Mama ist stehen geblieben und erwartet mich, und ich renne Vollgas in sie hinein, und jetzt liege ich doch da.

„Ufff!"

Mama lacht. Ich habe sie auch nicht annähernd aus dem Gleichgewicht bringen können. „Das war schon sehr gut! Komm, jetzt laufen wir zusammen weiter und du musst alles genau mitmachen."

Sie trabt los, gerade so verhalten, dass ich mit meinem ungelenken Fohlentrab mithalten kann. Ihre Ohren sind gespitzt und sie läuft ganz entspannt, fast schwebend. Das kann ich natürlich noch nicht, aber immerhin bleibe ich neben ihr. Richtungswechsel sind sehr schwierig, aber Mama ist geduldig. Wir laufen im Kreis, am Koppelzaun entlang, quer über die Wiese. Mama erklärt mir viele Begriffe aus unserer und der Menschenwelt, und nach einer Weile brummt mir der Schädel, so viel habe ich gelernt.

Als wir endlich stehen bleiben, falle ich beinahe um. Ich schnaufe und keuche, aber ich bin glücklich. Die Sonne wärmt meinen wolligen Fohlenpelz und ich habe mir eine ordentliche Portion Milch verdient. Danach lege ich mich zufrieden ins Gras, aber nur, bis ich wieder bei Atem bin. Dann springe ich auf und sause allein los, meine neuen Kräfte erproben!

Bald kann ich schon ordentliche Sprünge machen und meine Kreise um Mama ziehen. Dieses Leben ist eine Wucht!

Auf einmal merke ich, dass Anja sich an uns herangeschlichen hat. Sie sitzt ganz in der Nähe auf einer Decke und beobachtet mich. Mama ist wie üblich mit der Nahrungssuche beschäftigt, da könnte ich vielleicht einen Schritt seitwärts wagen. Immer wieder schaue ich zu Mama hin, während ich mich vorsichtig Anja nähere. Ich bin neugierig, aber auch ein bisschen ängstlich. Immerhin ist sie kein Pferd, auch wenn ich sie inzwischen kenne. Ich weiß nicht, was sie im nächsten Moment tun könnte, das mich erschreckt.

„Wir sind Fluchttiere", hat Mama mir erklärt, „und deshalb immer auf der Hut. Wir greifen nicht an, sondern laufen davon. Wir sind so schnell, dass uns niemand einholen kann."

„Aber wie erkennen wir Feinde?", will ich wissen.

„Das verrät dir dein Instinkt. Im Übrigen aber kannst du den Menschen vertrauen, sie sind Herdenchefs und beschützen uns vor allen Gefahren. Sie helfen uns auch, wenn wir mal krank oder verletzt sind."

Jetzt bin ich fast bei Anja. Mein Hals wird lang und länger, ich strecke meinen ganzen Körper. Schließlich bin ich mit der Nase an ihrer Hand und schnuppere daran. Anja fängt ganz vorsichtig an mich zu kraulen. Das mag ich aber schon gern, vor allem hinterm Ohr juckt es mich.

„Na, Springinsfeld?“, sagt Anja. „Du kannst ja ganz schön hüpfen, wie eine Ziege!“

Ich weiß nicht so recht, ob das ein Kompliment ist – denn ich weiß von Mama, dass Ziegen klein und drahtig sind, Hörner haben und stinken.

„Allerdings verstehen wir verschiedenen Tiere uns gut“, hat Mama hinzugefügt.

„Erzähl mir, was mit deinem Bruder ist“, fordere ich Anja auf. Das habe ich nämlich nicht vergessen. Wir haben ein gutes Gedächtnis – das brauchen wir auch in der Wildnis, um uns zurechtzufinden. Ich stecke meine Nase in Anjas Haare und blase hinein.

Anja kichert. „Du hast schon sehr viel gelernt!“

Ich nicke. „Ja, mein Kopf ist ganz voll. Mama hat mir erklärt, was Geschwister sind. Bei uns Pferden kommt das ja ganz selten vor. Deshalb brenne ich so darauf, mehr zu erfahren!“

„Weißt du übrigens, wo du ursprünglich herkommst?“, versucht Anja abzulenken. „Haflinger stammen aus Hafling in Südtirol und sind Gebirgspferde, robust und anspruchslos. Und sehr brav, deswegen haben wir hier auch nur Haflinger. Das ist nämlich ein besonderer Ort, weißt du? Hier leben für einige Zeit Kinder, die Schwierigkeiten haben oder nicht gesund sind. Heiltherapeutisches Reiten mit betreutem Wohnen nennt sich das."

„Und dein Bruder?", dränge ich. Anja ist auf einmal ernst und nachdenklich. Sie will nicht gern darüber reden. Aber wem sollte ich es schon weitersagen? Die Menschen verstehen mich schließlich nicht. Und außer Anja habe ich noch keine Freunde.

„Ja, und Mark ist auch hier", rückt Anja endlich mit der Sprache raus. „Er ist drei Jahre älter als ich, vierzehn. Mama und Papa haben ihn hergebracht, weil er dauernd Unsinn macht und nicht mit sich reden lässt. Entweder er schwänzt die Schule, zieht in der Stadt mit anderen herum und stellt irgendwas an, oder es gibt Streit zu Hause."

„Das klingt nicht gut, Anja. Kinder sollten sich nicht zu weit von der Familie entfernen, bevor sie erwachsen sind."

„Hier sorgen zwei Betreuer dafür, dass er keine Dummheiten macht. Er wird mit den anderen Kindern zur Schule gefahren und wieder abgeholt und von der Stadt fern gehalten. Und sie versuchen Mark beizubringen, dass er sich falsch verhält."

„Das ist gut, wenn ihr auf ihn aufpasst." Ich nicke mit dem Kopf.

„Und ich komme immer nach der Schule

her, weil ich Pferde so gern habe und hier reiten darf, wenn ich im Stall mithelfe."

„Dann siehst du Mark ja oft, da freut er sich bestimmt!", vermute ich.

Anja sagt ein bisschen traurig: „Mark sehe ich trotzdem kaum." Sie tätschelt meine Ohren. „Er mag mich nicht besonders, weißt du. Einerseits hält er sich für zu erwachsen, um sich mit mir abzugeben, andererseits beschwert er sich, dass ich ihm dauernd Vorschriften mache. Komisch, nicht wahr?"

Allerdings.

Jede Menge Freunde

Als Neuankömmling bin ich die Hauptperson und alle wollen mich kennen lernen.

Mama passt dabei aber genau auf, dass mir nichts geschieht. Am Koppelzaun stehen Menschen und rufen nach mir. Ich würde ja schon gern hingehen, aber Mama will nicht mitkommen.

„Das sind zu viele auf einmal und manche von denen sind recht wild“, erklärt sie. Sie reckt den Hals Richtung Zaun und wiehert.

„Aber Anja durfte doch auch herein!“, wundere ich mich.

„Das ist eine Ausnahme, weil Berti es ihr erlaubt“, sagt Mama. „Anja füttert uns oft, striegelt uns und bereitet uns auf den Unterricht vor.“

„Unterricht?“

„Ja, nachmittags gibt es Reitstunden. Manche voltigieren auch, dabei lernen sie, das Gleichgewicht zu halten und sich zu konzentrieren.“

„Was, dann bringen wir den Menschen was bei?“

„Ja, meine Kleine."

Ich schüttle den Kopf. Zuerst erklärt mir Mama, dass Menschen tausendmal schlauer sind als wir und stärker. Und dann lernen sie was von uns? Das soll einer verstehen!

„Mache ich das auch?", will ich wissen.

Mama wiehert. „Wenn du erwachsen bist, vielleicht. Jetzt bist du doch nur ein Kindskopf und musst selbst erst mal in die Schule gehen!"

Auf einmal höre ich Bertis Stimme. „Susa! Komm, es gibt Futter!"

Das lässt sich Mama nicht zweimal sagen! Sie trabt Richtung Stall und ich bleibe dicht bei ihr. Jetzt kann ich mir die Menschen doch noch anschauen.

Sie sind alle Kinder, so wie Anja, ein paar kleiner, andere etwas größer. Sie tragen ziemlich dieselben Sachen wie Anja – auch so eine komische Angelegenheit. Der Mensch hat kein Fell mehr und muss sich daher mit Kleidung schützen, weil er sonst friert. Warum hat er das Fell dann erst abgelegt? Wie wir Pferde auch haben sie unterschiedlich farbige Haare und verschieden lang. Manche sind sogar ganz besonders bunt, das sieht lustig aus. Sie schwatzen alle durcheinander und versuchen mich zu sich zu locken. Dabei fangen sie an sich gegenseitig zu schubsen, damit keiner den

Vortritt hat. Ich finde das prima, denn das ist ein Spiel, das ich verstehe.

„Mama, gibt es noch andere Fohlen außer mir?“, frage ich.

„Nein, du bist das Einzige.“

Ich lasse die Ohren hängen. „Schade.“ Da haben es die Menschen doch besser! Aber vielleicht darf ich mal bei ihrem Spiel mitmachen? Schubsen und Rangeln, das ist toll!

„Komm doch her!“, ruft ein Junge mit kurzen, wirren Haaren. Er sieht so aus, als wenn er zu viel Futter bekommt – ziemlich wohlgenährt. Er wedelt heftig mit den Armen, das beunruhigt mich, und ich bleibe lieber hier. Aber schon schubst ihn ein anderer.

„Na, zu dir kommt es doch sowieso nicht, Pepe!“, plärrt er und winkt mir zu. „Komm zu mir her! Ich hab hier was Feines!“

„Lass mich bloß in Ruhe, Tom!“, beschwert sich Pepe.

„Jetzt schreit doch nicht so rum!“, mischt sich ein Mädchen gleichfalls lautstark ein. „Ihr erschreckt es nur!“ Dann fängt sie an zu schubsen!

Mama wiehert mir beruhigend zu. „Mach dir nichts draus, das sind einfach nur Rabauken.“

„Ich möchte lieber in die Box, Mama“, antworte ich. Diese Hektik macht mich nervös.

Das Schubsen bei Menschen ist offensichtlich doch ein anderes Spiel als bei uns Fohlen.

Auf einmal kommt ein großer, schlanker Erwachsener mit ganz strenger Miene. „So, das genügt jetzt!“, sagt er fest. Da wird es mucksmäuschenstill! Er ist also der unangefochtene Herdenchef, dem alle folgen müssen. „Was habt ihr über das Verhalten bei Tierkindern gelernt? Das Fohlen ist gerade einen Tag alt und ihr macht es ganz verrückt mit eurem Geschrei!“

„Entschuldigung, Hans“, murmelt ein Mädchen mit hochgezogenen Schultern.

„Geht jetzt mal lieber rein und macht eure Hausaufgaben“, fährt Hans fort. „Ihr könnt später noch mal nach dem Fohlen sehen, wenn ihr alles erledigt habt.“

Alle trollen sich, nur Anja bleibt stehen. „Darf ich noch bleiben, Hans?“, fragt sie schüchtern.

„Aber natürlich, Anja“, antwortet er freundlich. „Weißt du, wo dein Bruder steckt?“

Anja hebt die Schultern. „Ich habe ihn heute noch nicht gesehen.“

„Wir auch nicht, schon zum Mittagessen nicht“, sagt Hans. „Wenn du ihn siehst, sag ihm bitte, dass er zu mir kommen soll.“

Anja macht ein trauriges Gesicht. „Schimpfst du mit ihm?“

„Na, so schlimm ist es nicht“, tröstet Hans sie. „Mark ist noch nicht lange hier, und ich denke, er hat viel Heimweh. Er wird sich schon eingewöhnen.“

Wir haben unseren Stall inzwischen fast erreicht. „Mama, Anja hat wohl Kummer wegen ihres Bruders“, stelle ich fest.

„Deshalb ist Mark ja hier, damit Hans und die anderen ihm helfen“, versetzt Mama.

„Vielleicht kann ich Freundschaft mit Mark schließen?“

„Das ist eine schwierige Aufgabe, kleiner Springer“, erwidert Mama. „Mark ist ziemlich verschlossen – oder gereizt.“

Mama geht auf ihren Futtertrog zu und inspiziert den Inhalt. Ich schnuppere derweil am Heu, aber es interessiert mich nicht wirklich. Für mich gibt es momentan nur Mamas Milch. Ich habe ja auch noch gar keine Zähne.

Während ich mit wedelndem Schweif trinke, merke ich auf einmal, wie etwas um meine Beine streicht. Ich erschrecke furchtbar und mache einen Satz rückwärts. „Wii!“

„Mrrmmm“, höre ich eine sanfte, hohe Stimme vom Boden. „Ich tu dir doch nichts.“

Mama unterbricht das Fressen und guckt nach unten. „Ach, hallo, Lili.“

„Miau“, macht Lili. „Guten Tag, Susa. Ich wollte dein Kind anschauen. Gratuliere.“

„Danke“, sagt Mama stolz.

„Hast du etwas dagegen, wenn ich es mir auf deinem Rücken bequem mache?“

„Durchaus nicht.“

Ich traue meinen Augen kaum, als das seltsame Wesen mit einem geschmeidigen, lautlosen Satz hochspringt und auf Mamas breitem Rücken landet! Dort streckt es sich und stapft steifbeinig im Kreis. Dann setzt es sich, den Schwanz anmutig um sich geringelt und schaut mit großen Augen zu mir herunter.

„Mrr, du, komm doch mal her“, fordert Lili mich auf. Sie hat weiße Beine und einen weißen Bauch. Der Rest ist graubraun, mit schwarzen Streifen.

Ich recke meine Nase und schnuppere. „Was bist du denn?“

„Ich bin eine Katze, Mäusefängerin, Samtpfote“, antwortet Lili.

„Knurrst du?“, frage ich ängstlich, als ich komische Geräusche aus ihrer Kehle höre.

„Nein, ich schnurre. Das ist ein freundliches Zeichen. Ich bin die Freundin aller Pferde. Ich beschütze sie vor Ratten und Mäusen und erziehe die Fohlen.“

Das finde ich ja zum Wiehern. Was könnte ich von so einem kleinen Wesen schon lernen?

Aber die Aufregungen hören nicht auf. In

diesem Moment stürmt ein anderes Tier auf langen, dünnen Beinen und mit fliegenden Ohren in den Stall und springt an der Box hoch.

„Wau-wau-wau!“, macht es, und mir stellen sich alle Haare auf.

Instinktiv weiß ich, dass das der Feind ist. „Ein Wolf!“, rufe ich und flüchte in die hinterste Ecke der Box.

„Mi-hi-hi!“, lacht Lili. „Aber nein, das ist doch nur Sammy, unser schwarzer Tölpel. Dieser Hund ist zwei Jahre alt und stolpert immer noch über seine Beine. Außerdem ist er laut und aufdringlich.“

„Komm doch her, Lili, komm doch, ich zeig's dir schon!“, kläfft Sammy und hüpft wie ein Ball auf und ab. Und dann ist er auf einmal mit einem Satz bei uns in der Box!

„Er gehört Lara, die zusammen mit Hans versucht den Menschenkindern Manieren beizubringen“, erklärt mir Lili und fängt an sich in aller Seelenruhe zu putzen, obwohl Sammy wild kläffend herumspringt. „Hoffentlich hat sie da mehr Erfolg als bei Sammy.“

Er ist groß, schwarz und tapsig, mit einem langen, schönen Schweif. Mama wird sein Getue irgendwann zu viel. Sie dreht den Kopf und prustet den Hund aus geblähten Nüstern an. Da gibt er Fersengeld!

„Hunde und Pferde haben ein bisschen Probleme in der Verständigung“, erklärt Lili mir.

Ich stehe zitternd in der Ecke und rühre mich nicht. Vielleicht bemerkt Sammy mich dann nicht. Aber er ist gar nicht an mir interessiert. Er steht hechelnd in der anderen Ecke und beobachtet Mama und Lili.

„Hunde machen einfach alles falsch. Sie blecken die Zähne, wenn sie lachen, und wedeln mit dem Schwanz, wenn sie sich freuen. Bei Katzen und Pferden ist das genau anders“, erklärt Lili. „Wir bewegen uns ruhig und würdevoll, und unser Schwanz peitscht, wenn wir erregt sind. Und niemals zeigen wir einem anderen die Zähne, wenn wir es freundlich meinen!“

„Aber Menschen machen das doch auch“, erwidere ich. „Anja zumindest zeigt ihre Zähne oft.“

„Das ist eben anders bei ihnen. Wenn man das weiß, kommt man auch gut miteinander aus“, belehrt mich Lili. „Und mehr will ich dir heute nicht beibringen.“

Sie springt elegant von Mamas Rücken auf die Boxentrennwand und balanciert geschickt darauf entlang. Sammy legt den Kopf leicht schief und stellt die Ohren nach vorn. „Lili, magst du spielen?“

„Versuch mal mich zu erwischen!“, fordert

Lili ihn auf und springt auf der anderen Seite herunter.

Sammy wetzt eifrig hinterher. Das heißt, er versucht es, aber er bleibt mit einem Hinterlauf beim Sprung über die Boxentür hängen. Dann gibt es ein wildes Durcheinander an rudernden Pfoten, schlackernden Ohren, zurückgezogenen Lefzen und aufgeregtem Gehechel, ehe Sammy auf der anderen Seite unsanft runterkracht. „Ouwuwuwu!“, klagt er.

Ich laufe schnell zur Tür, an der Seite gibt es eine Ritze, durch die ich durchgucken kann. Zum Drüberschauen reicht es noch nicht. Sammy liegt wie ein schwarzer Fellsack unten und versucht seine langen Stecken zu sortieren. So muss es bei mir auch ausgesehen haben, als ich das erste Mal aufgestanden bin!

„Umpf“, brummt er.

„Sammy, du Tollpatsch!“, wiehert Mama lachend. Auch Lilis „Mihihi“ dringt von draußen herein. „Das kommt davon, wenn man elegant wie eine Katze sein will, aber nur ein dummer Hund ist!“

„Dummer Hund? Na warte, du Schleicher, mit dir polstere ich mein Körbchen aus!“ Sammy rappelt sich auf und spurtet los. Nach ein paar Sprüngen sieht sein Lauf wirklich sehr elegant aus und Lili muss Fersengeld geben. Aber ich bin sicher, dass Sammy ihr nichts tun wird, wenn er sie erwischt. Dass sie Freunde sind, ist nicht schwer zu erkennen.

„Lili ist aber sehr nett!“, stelle ich fest.

„Sie ist hier groß geworden und verträgt sich mit allen gut. Und sie gibt es nie auf, Sammy Manieren beibringen zu wollen.“

Und mir hat sie auch schon viel beigebracht! Weil ich mich so wohlfühle, springe ich in der Box herum. Zum Glück ist sie dafür groß genug. Ich kann es gar nicht erwarten, wieder hinaus zu dürfen!

Hell wie die Sonne

Anja sehe ich erst auf der Koppel wieder. Ich laufe nicht weg, als sie auf uns zukommt, und schaue neugierig.

„Wir haben endlich einen Namen für dich!“, ruft sie schon von weitem. „Du heißt Sunny, weil du so hell bist und so ein Sonnenschein!“

„Ein hübscher Name“, äußert sich Mama. „Er passt zu dir.“

Ich schüttle mich, dann sause ich eine Runde um Mama. „Sunny, Sunny!“, rufe ich in die Welt hinaus, damit es jeder hört, dass ich endlich einen Namen habe. „Ich bin so hell wie die Sonne da oben!“

Anja lacht und versucht mit mir um die Wette zu laufen. Aber schließlich gibt sie keuchend auf. „Mit deinen vier Beinen kann ich nicht mithalten!“, ruft sie.

Als sie sich umdreht, folge ich ihr neugierig und stupse sie leicht an. Sie krault mich. „Sunny ich muss noch mal weg, aber ich komme gleich wieder, versprochen!“

Ich schaue ihr nach. Es hat Spaß gemacht,

mit ihr zu spielen. Mama spielt auch mit mir, aber nur am Anfang, wenn wir auf die Weide gelassen werden. Danach grast sie die ganze Zeit und ich muss mich mit mir selbst beschäftigen. Dann jage ich zum Beispiel mit meinem Schatten um die Wette.

Doch auf einmal wird Mama unruhig. Sie läuft los, zum anderen Ende der Koppel, und ich sehe zu, dass ich hinterherkomme. Das sind ja Pferde! Aufgereiht stehen sie am Zaun und gucken zu uns rüber.

Sie wiehern alle, als Mama ihren Ruf ausstößt: „Seht her, hier ist mein Kind! Seid nur ja vorsichtig, sonst zeige ich euch meine Hufe und Zähne!"

Uih, sind die alle groß und so viele. Sie sind alle Haflinger, wie Mama und ich, manche dunkel, manche hell wie ich. Einer sieht sogar fast rötlich aus. Ich bleibe mal lieber dicht bei Mama.

„Komm doch mal her, dass wir eine Nase von dir nehmen können!", werde ich aufgefordert.

Mama streicht beruhigend mit ihrer weichen Samtschnauze über meinen Kopf. „Das ist Basti, der Älteste von uns", stellt sie den Größten vor. „Er ist schon achtzehn und ein Wallach wie Solo, Flocky, Speedy und Wolke. Gretel ist eine Stute wie ich, und sie stammt direkt aus

Südtirol, unserer Urheimat. Maxl wird gerade zum Voltigieren vorbereitet."

„Warum hat Gretel kein Fohlen?", frage ich sofort. „Dann hätten wir zusammen spielen können!"

„Kleiner Naseweis!", ruft Gretel zu mir herüber. Sie hat zwei dicke Zöpfe in ihre Mähne geflochten und eine breite Schnauze. Sie sieht sehr gemütlich und freundlich aus. „Hast du denn schon einen Namen?"

„Ja, ich bin Sunny!", antworte ich stolz. Dann wage ich mich doch ein paar Schritte näher zum Zaun. Unwillkürlich nehme ich dabei eine leicht geduckte Demutshaltung ein, drehe die Ohren nach hinten und ziehe die Lippen zurück. „Ihr tut mir nichts, gell?" Mama steht hinter mir und bewacht mich.

Sie recken alle die Hälse, um meine Witterung aufzunehmen. Ich verharre und weiß nicht so recht, was ich machen soll. Ich kaue und schmatze. Doch da ruft mich Mama. „Komm, Sunny, das genügt fürs Erste!" Sie dreht um und trabt los, und ich folge ihr eilig.

„Darf ich mal mit ihnen spielen?", frage ich Mama.

„In ein paar Tagen", antwortet sie mir. „Wenn du kräftiger und etwas älter bist."

Über diese Aufregung habe ich Anja ganz vergessen. Sie kommt gerade zurück – aber sie ist nicht allein. Neben ihr geht ein großer, schlaksiger Junge mit genauso dunklen Haaren und blauen Augen wie sie. Seine Haare sind aber kurz und wuschlig, und er ist ganz blass. Er macht einen ziemlich mürrischen Eindruck.

„Sieh mal, Mark, das ist Sunny!“, stellt Anja mich vor. „Ist sie nicht einmalig?“

„Is' doch nur 'n Fohlen“, brummelt Mark. „Das ist doch nichts Besonderes.“

„Aber sie ist schon ganz zutraulich und so süß!“, bemüht Anja sich weiter ihren Bruder zu begeistern.

„Damit kann man doch noch gar nichts anfangen“, versetzt Mark. „Nicht Reitengehen und nix. Du immer mit deiner Babytour: Sooo süüüüüüüüüüß!“

„Wii!“, rufe ich dazwischen, als ich Anjas Miene bemerke. „Du bist aber gemein!“

„Ist doch voll doof und langweilig“, fährt Mark fort. „Schau dir lieber an, wie ich einen Handstand auf Maxl mache!“

Endlich kommt Anja zu Wort. „Sunny ist überhaupt nicht doof“, verteidigt sie mich. „Warum bist du immer so eklig?“

„Und warum hörst du nicht auf mich zu nerven?“ – „Also, siehst du nun zu oder nicht?“ Mark wartet Anjas Antwort gar nicht ab. Er läuft zum Reitplatz, der an unsere Koppel grenzt. Mama hat mir erklärt, dass die Kinder dort den

Unterricht mit den Pferden bekommen. In der Mitte des Platzes steht eine kleine, schlanke Frau mit einem dicken, langen Zopf, ähnlich wie bei der Gretel. Ich finde, sie sieht sehr hübsch aus, denn sie hat ein fröhliches Gesicht mit einer Stupsnase und Sommersprossen.

Draußen hopst Sammy herum und kläfft. „Lara! Komm, spiel mit mir! Lass doch den Maxl!"

„Sammy, sei nicht immer so eifersüchtig!", ruft Lara streng zurück und ihre Stirn runzelt sich. „Ich arbeite hier und du machst brav Sitz, verstanden?"

„Jauaul", macht Sammy beleidigt und gähnt heftig. Aber er gehorcht.

Um Lara herum läuft Maxl, mit einem breiten Gurt um den Bauch und einer langen Leine am Kopf. Er ist kleiner als Mama, aber viel schwerer. Seine Muskeln glänzen richtig in der Sonne und Mähne und Schweif wippen im Takt.

Jetzt ist Mark bei ihnen. „Schau mal, Lara, ich kann es jetzt!", ruft er – und springt auf Maxls Rücken! Ich hätte ja geglaubt, dass er gleich wieder herunterfällt, aber schneller als ich zwinkern kann, sitzt er breitbeinig und ganz ruhig auf dem Haflinger.

„Mark, ich habe dich nicht dazu aufgefordert!", weist Lara ihn zurecht. „Außerdem bist du nicht vorschriftsmäßig gekleidet!"

„Nur ganz kurz!“, ruft Mark. Anders als Sammy gehorcht er nicht so einfach. Er hält sich am Riemen fest, während Maxl weiter unermüdlich im Kreis läuft.

Ich stehe jetzt direkt am Zaun, damit mir nichts entgeht. Auf einmal fällt mir zu meinem Schrecken ein, dass ich mich eigentlich zu weit von Mama entfernt habe. Ich bin aber so gespannt und will nicht wieder zurücklaufen. Andererseits bin ich ängstlich, so weit von Mama weg zu sein. Unruhig tripple ich von einem Huf auf den anderen. Was soll ich nur tun? Ich möchte bleiben, aber alles zieht mich zu Mama. Soll ich sie rufen, damit sie zu mir kommt? Oder schimpft sie mich dann aus, weil ich weggelaufen bin?

Doch da steht Mark auf! Das heißt, er klettert mit allen vieren auf Maxls Rücken, wie Lili.

„Mark, du sollst da runterkommen!“, wiederholt Lara streng. „Ich halte Maxl an, wenn du nicht abspringst!“

„Bin gleich so weit!“ Vielleicht hört Mark nicht gut oder warum macht er das?

„Und jetzt pass auf!“, ruft Mark – und streckt plötzlich seine Beine in die Luft, als wolle er in Zukunft auf Händen und kopfunter laufen.

Lara schimpft mit Mark. Dabei ist sie unaufmerksam mit Maxl und bemerkt nicht, dass er den Kreis etwas vergrößert hat und in meine

Nähe kommt. Ich bin so aufgeregt, dass ich den Zaun zwischen uns vergesse, in Demutshaltung falle und loslege: „Hallo Maxl, ich bin Sunny! Das ist ja toll, was du da mit Mark machst!“

Und Maxl hebt den Kopf und guckt zu mir her. „Hallo, Sunny, freut mich, dich kennen zu lernen, kleiner Springinsfeld!“ Dabei dreht er seinen Körper aus dem Kreis heraus, um zu mir zu laufen.

„Maxl, spinnst du?“, kann Mark gerade noch entsetzt rufen, dann segelt er durch die Luft – und landet mit einem lauten Platsch in einer alten Badewanne, die für uns als Tränke dient.

Wasser spritzt in alle Richtungen, Mark strampelt mit Händen und Füßen und spuckt erst mal prustend Wasser, als er sich wieder nach oben gekämpft hat. Seine Haare sehen aus wie angeklebt.

Maxl steht kopfnickend und wiehernd da. „Er sieht aus wie Lili, wenn sie in einen Platzregen geraten ist!“

„Wihi!“, kichere ich mit und würde in die Hufe klatschen, wenn ich das könnte.

Und nicht nur wir, alle lachen, die diese Vorstellung miterlebt haben. Mark klettert aus der Badewanne. Die Kleidung hängt tropfnass an ihm und er schüttelt sich wie ein Hund.

„Ich habe dich gewarnt, Mark!" Lara ist längst nicht mehr sauer, sie lacht mit uns mit. „Das soll dir eine Lehre sein!"

„Den Hals hätte ich mir brechen können!", ruft Mark empört.

„Dann verstehst du vielleicht jetzt, warum ich dich gebeten habe solchen Quatsch zu lassen", erwidert Lara.

„Mark, hast du dir wehgetan?", ruft Anja. Sie kommt angelaufen, aber ihr Bruder wehrt sie ab.

„Nein! Und ich hätte den Handstand auch geschafft, wenn dieser blöde Gaul sich konzentriert hätte!" Dann deutet er auf mich! „Daran ist nur dein dämliches Fohlen Schuld, es hat Maxl abgelenkt!"

„Wenigstens hast du jetzt mal gebadet!", verhöhnt ihn der dicke Pepe, der eigentlich Leopold heißt. „Dann bist du endlich sauber!"

„Ihr könnt mich alle mal", faucht Mark. Und dann läuft er davon. Anja will ihm nach, aber Lara hält sie auf. „Lass ihn, er muss sich erst wieder beruhigen."

Anja kommt zu mir her und ich recke ihr die Nase entgegen. „Da hat Mark sich ja schön blamiert", murmelt sie. „Das ist wieder mal typisch für ihn. Immer muss er angeben, dabei geht es jedesmal schief."

„Und warum gibt er mir die Schuld?", will

ich wissen. „Ich stehe hier hinterm Zaun und kann bestimmt nichts dafür!“

„Und er muss immer die Schuld bei anderen suchen“, stimmt meine Freundin mir zu, während sie meine Nase tätschelt. „Weißt du, unsere Eltern arbeiten beide und haben wenig Zeit. Aber wenn sie dann da sind, passt es Mark auch nicht, weil sie immer an ihm rumzerren müssen. Immer regt er sich gleich auf und ist mit aller Welt böse. Dann rennt er zu seinen Freunden in die Stadt und baut richtigen Mist.“ Sie seufzt. „Ich wünsche mir wirklich sehr, dass er sich hier ändert.“

„Bestimmt, Anja“, tröste ich sie. „Es ist doch schön hier!“

Später kommt Lara zu uns auf die Weide. „Habt ihr Mark irgendwo gesehen?“

„Nein, Lara“, antworten wir beide, wobei sie natürlich nur Anja verstehen kann.

„So was Dummes“, meint die Erzieherin. „Seine Stunde beginnt nämlich gleich und da könnte er seinen Handstand auf vernünftige Weise üben und vorführen.“

„Deswegen wollte ich ihm ja nachlaufen“, erinnert Anja sie. „Ich kenne ihn, wenn er mal eingeschnappt ist, lässt er sich lange nicht mehr blicken.“

„Hast du eine Idee, wo er sein könnte?“

Anja hebt die Schultern.

„Zumindest sind alle Fahrräder und Pferde da, danach habe ich als Erstes geschaut." Lara reibt sich ratlos die Stirn.

„Dann kann er nicht weit sein", vermutet Anja. „Ich gehe ihn mal suchen, ja?" Sie zögert. „Werden Sie sehr böse mit ihm sein?"

Lara streicht mit der Hand über ihren Kopf. „Ich bin keinem der Kinder jemals wirklich böse, Anja", antwortet sie. „Das ist ja meine Aufgabe, sie dazu zu bringen, keinen Unsinn mehr zu machen. Maxl und die anderen Pferde helfen mir dabei. Es bringt nichts, Mark zu bestrafen, solange er seine Fehler nicht von selbst einsieht. Ich bin im Gegenteil nicht ganz unschuldig daran, dass er weggelaufen ist, denn ich war vorhin zu ungeduldig mit ihm."

„Hans ist da aber viel strenger", meint Anja.

„Das muss auch mal sein, aber am richtigen Platz", versetzt Lara. „Er weiß genau, was er tut, das darfst du mir glauben. Die Kinder liegen Hans ebenso am Herzen wie mir. Beispielsweise ist er mit Belohnungen immer viel großzügiger als ich."

Anja lächelt beruhigt. „Ich glaube, ich habe eine Idee, wo Mark sein könnte. Bis gleich."

Sunny Spürnase

Anja läuft los, schnurstracks über unsere Koppel, auf Mama zu. Ich spurte hinterher, denn ich will mir keinen Rüffel einholen, weil ich so lange weg war. Andererseits möchte ich wahnsinnig gern mit Anja gehen, vielleicht kann ich ihr bei der Suche helfen! Ich habe bestimmt eine bessere Nase als sie!

Mama hebt den Kopf und guckt meiner eiligen Freundin interessiert nach. „Was ist denn hier los?“

„Mark ist weggelaufen, Mama, und Anja sucht ihn. Darf ich mitgehen? Bitte, bitte!“

Mama überlegt kauend. Dann setzt sie sich langsam in Bewegung. „Na gut, warum nicht! Vielleicht hat Anja ein Leckerli dabei, dann bekomme ich sicher was ab. Aber dass du schön bei mir bleibst, Sunny!“

Das muss man sagen, Mama ist schon gutmütig. Sie trabt also mit uns mit, wobei sie immer wieder kurz verhält und Gras ausrupft. Aber für mich ist es gerade recht, dann verliere ich beide nicht aus den Augen.

Auf dieser Seite der Koppel war ich noch nie.

Es geht einmal um die Ecke und dann ist man hinter den ganzen Gebäuden. Dieser Bereich grenzt an ein großes Gebäude aus Holz.

„Was ist das, Mama?"

„Das ist der Heuschober, hier wird Heu und Stroh für uns aufbewahrt."

„Mark!", ruft Anja. „Maaaark!"

Keine Antwort. Warum nur will Mark lieber allein sein? Es ist doch viel schöner, mit anderen zusammen zu sein!

Anja öffnet das Gatter und verschwindet im Schober. Mama stellt sich an das Tor und stupst es mit der Nase an. „Sieh mal, Anja hat vergessen wieder zuzumachen", sagt sie zu mir. „Komm, wir gehen mit."

Ich tripple Mama eilig hinterher und schaue mich neugierig und auch ein bisschen ängstlich um. Immerhin, das Tor bleibt hinter uns offen, also kann ich jederzeit wieder zurück.

Mama macht sich über die verstreuten Heu- und Strohreste her, die hier überall herumliegen.

„Wollen wir nicht Mark suchen?", drängle ich.

„Geh nur", ermuntert Mama mich. „Ich stärk mich hier ein bisschen. Du kannst ja schauen, wo Anja ist."

Was findet sie nur immer an dem ganzen Zeugs? Ich schnuppere daran herum, aber ich kann mir keinen Reim darauf machen. Aber da ich nun schon mal hier bin, folge ich eben Anja. Ich höre sie überall nach ihrem Bruder rufen, aber sie bekommt nie eine Antwort.

Ich stakse jetzt in den Schober hinein. Innen ist es riesengroß und es duftet ganz stark nach Heu und Stroh. Die Ballen stapeln sich bis unters Dach, viele Pferdelängen hoch. Wehe, wenn da was runterfällt! Ich bewege mich vorsichtig, auf Hufspitzen, und achte darauf, dass ich nirgends dranstoße. „Anja?", wiehere ich leise. „Wo bist du denn?"

Ich schnuppere herum. Das Heu kitzelt mich in der Nase und ich muss niesen. „Wipfiii!" In diesem Augenblick poltert ein Heuballen von oben herunter und reißt einige weitere mit. Ich gebe mit fliegenden Hufen Fersengeld und mein Hinterteil überholt mich fast, als ich etwas an meiner Flanke spüre! „Hilfe! Mama!"

Hinter mir gibt es einen dumpfen Plumps und jede Menge Staub wirbelt auf. Vor lauter Rennen und Gucken, dass mich ja nichts erwischt, gebe ich nicht acht – und sause genau in den nächsten Stapel hinein! „Wiihiwihi!", rufe ich um Hilfe, jetzt habe ich mich auch noch verirrt und kenne mich überhaupt nicht mehr aus. Ich bäume mich auf und schlage zuerst nach vorn, dann nach hinten aus und renne zwischen stürzenden Stapeln hindurch.

„Sunny, was machst du denn?“, höre ich Anjas Stimme.

Draußen wiehert Mama. „Sunny, komm sofort her!“

Ja, aber wie? Ich weiß ja gar nicht mehr, wo ich bin. Überall sehe ich nur noch riesige, hohe Stapel, dazwischen sind die Wege so schmal, dass selbst ich Fohlen kaum durchpasse. Im Galopp fege ich durch die Gänge und wo ich anstoße, gerät alles ins Wanken.

„Sunny! Nur ruhig! Bleib doch stehen, ich hole dich schon!“, befiehlt Anja.

Stehen bleiben, nie im Leben! Da werde ich nur von den Ballen erschlagen und begraben, jawohl, ich renne so lange hier rum, bis ich endlich rausfinde! „Wiii!“, rufe ich verzweifelt.

„O nein, Sunny, bitte bleib doch endlich stehen!“, verlegt Anja sich aufs Betteln. „Wir kriegen einen Mordsärger! Das kann ich doch nie und nimmer wieder alles aufstapeln!“ Beim Vorbeisausen sehe ich kurz Anjas wehende Haare um eine Ecke verschwinden. Ihr Tempo ist auch nicht schlecht!

Also, kehrt Marsch und hinter Anja her, sie findet bestimmt den Ausgang.

O weh, ich bin mit dem Hinterhuf hängen geblieben, und jetzt wackelt der nächste Stapel. Ich sehe lieber mal zu, dass ich hier wegkomme, und …

Eine Sackgasse! Hier geht es nicht weiter! Was mach ich jetzt nur? „Mama! Mama!"

„Ich komme, Sunny! Ich komme!"

Ich höre Mamas klappernde Hufe näher kommen.

„Nein, Susa, du nicht auch noch!", fleht Anja verzweifelt. „Raus mit dir, los!"

„Ich gehe nicht ohne mein Kind!", wiehert Mama erbost.

Ich drehe mich um. Der Stapel beugt sich immer näher zu mir, jeden Moment wird er stürzen. Ich steige, als könnte ich mit meinen schlagenden Vorderbeinen den Einsturz vermeiden. „Hiiiilfe!", quietsche ich.

Wo bleibt nur Mama? Sie streitet mit Anja, anstatt mich hier rauszuholen.

In diesem Moment huscht plötzlich ein Schatten zu dem Stapel und stoppt ihn. Es ist Mark! „Los, raus mit dir!", schreit er mich an und fuchtelt mit einer Hand vor mir rum. „Kscht! Verschwinde!"

Ich springe von einer Seite auf die andere, sein Gefuchtel macht mich kopfscheu. Dann erwischt er mich plötzlich mit einem Fuß, er hat nach mir getreten! Er trifft meine Flanke, und ich zische los. Zum Glück ist es endlich die passende Richtung. Völlig verstört rase ich den Gang entlang und bin auf einmal draußen, bei Mama.

„Mama, Mama! Ich bin da!“, wiehere ich mit hoher, dünner Stimme.

„Endlich!“ Mama ist erleichtert. Sie tastet mich mit dem Maul von oben bis unten ab. „Du bist vollkommen verdreckt, du kleiner Herumtreiber!“

„Mark, wo bist du?“, ruft Anja unterdessen.

Doch da kommt er schon auf demselben Weg wie ich. Hinter ihm kracht der Stapel endgültig runter.

„Kannst du mich nicht mal in Ruhe lassen?“, schnauzt er Anja an. „Sieh dir den Mist an, den du gebaut hast! Und jede Wette bekomme ich das in die Schuhe geschoben.“

„Aber Lara hat nach dir gesucht, weil du Therapiestunde hast!“, gibt Anja unter Tränen zurück. „Ich wollte dich holen, damit es *keinen* Ärger gibt!“

„Hat ja super geklappt! Warum musst du dich immer einmischen?“

„Ich bin doch deine Schwester!“

„Aber nicht meine Kindergärtnerin! Du Zwerg kannst ja nicht mal auf dich selber aufpassen. Und schleim dich nicht immer bei den Erziehern ein, das ist echt ätzend!“

„Ich wollte dir doch nur helfen!“

„Na, tolle Hilfe, vielen Dank auch!“ Mark kommt wie ein wütender Wolf auf uns zu. „Haut endlich ab!“, schreit er uns an. Er reißt die Arme hoch und das ist das Signal für Mama und mich abzuhauen.

„Los! Weg mit euch!“ Mark macht einen Satz auf uns zu.

„Komm, Sunny!“ Mama dreht auf der Hinterhand um und galoppiert los, und ich renne so schnell ich kann mit.

„Er macht mir Angst, Mama!“, schnaufe ich.

„Ach, er ist nur ein Angeber!“, schnaubt Mama wütend. „Führt sich auf wie ein Verrückter, da muss man ja durchgehen!“

„Wo laufen wir hin?“

„Zurück auf die Koppel, Kleines, das ist der sicherste Platz.“

Wir rennen durch das offene Gatter und den ganzen Weg zurück, bis wir wieder beim Reitplatz sind. Da erst bleiben wir stehen. Ich schnaufe und schwitze. Mama hingegen wiehert noch einmal empört, dann aber macht sie sich ans Grasen, als sei nichts geschehen. Sie atmet nicht mal schneller. Wenn ich groß bin, werde ich hoffentlich auch so gelassen wie sie.

„Was ist denn hier los?“, fragt Lara, als sie mich sieht.

Sie kommt auf die Koppel und will nach mir greifen, aber ich schrecke vor ihr zurück und verstecke mich hinter Mama. Fürs Erste hab ich von den Menschen genug, jetzt will ich mich erholen.

Ich weiß, dass ich in Ruhe gelassen werde, wenn ich trinke. Ich habe sowieso einen Riesenhunger nach der ganzen Aufregung. Hastig stecke ich den Kopf unter Mama und suche nach der Zitze.

Mama wäscht mich unterdessen. Können Mamas das nicht mal bleiben lassen? Ich muss doch nicht immer aussehen wie geleckt! „Och, Mama, lasch dasch doch“, nuschle ich zwischen zwei Trinkzügen.

„Du bist voller Dreck, das geht nicht!“, sagt Mama streng. „Außerdem schwitzt du, da muss ich dich trocken reiben, damit du keinen Schnupfen bekommst.“

„Nur die Aufregung“, murmle ich. „Bin gar nicht erschöpft.“ Dabei fallen mir schon fast die Augen zu.

Wer war's?

Ich bin noch beim Trinken, als Anja und Mark zurückkommen.

„Was ist passiert?", will Lara sofort wissen.

„Nichts", behauptet Mark brummig.

„Nichts? Das Fohlen ist völlig verstört und schwitzt!"

O weh, jetzt kommt auch noch Hans. Sein Gesicht ist fast so finster wie Marks. „Hast du das Fohlen herumgehetzt?", fragt er Mark.

„Na logisch", ruft Mark böse. „Ich mach ja eh immer nur Scheiß!"

„Langsam, langsam", wirft Lara beschwichtigend ein. „Mark, lauf jetzt nicht gleich wieder davon!"

„Na, was soll ich denn hier, ist doch eh schon alles klar, da brauch ich gar nix mehr zu erzählen", schreit Mark.

Hans nickt. „Doch, Mark", sagt er ruhig. „Wir würden gerne hören, was du zu sagen hast."

„Ich war spazieren –"

„Du meinst, du bist weggelaufen", verbessert Lara sanft.

„Also schön, ja, ich war sauer. Ich bin eine Weile rumgelaufen, bis ich wieder einigermaßen trocken war, und dann hab ich mich ins warme Stroh gelegt und bin weggepennt. Deswegen habe ich auch die Stunde verpasst. Irgendwann bin ich aufgewacht und losgelaufen und dabei Anja begegnet, und das war's schon."

„Und was ist mit den Pferden?"

Mark hebt die Schultern. „Das Fohlen ist wie verrückt rumgetobt, wieso? Damit hab ich wirklich nichts zu tun!" Er schaut Lara an. „Dass ich verschlafen hab, war keine Absicht. Kann ich jetzt meine Stunde nehmen?"

Lara nickt.

„Einen Moment", sagt Hans. „Anja, stimmt das alles so, wie Mark es behauptet?"

Ich sehe, wie sich Anjas Gesichtsfarbe verändert – von blass zu dunkel.

„Glauben Sie mir etwa nicht?", schnappt Mark angriffslustig.

„Mark, wenn du bitte kurz mal den Mund hältst", ordnet Hans an. „Ich will einfach nur hören, was Anja getan hat. Meines Wissens wollte sie dich suchen."

„Hab ich auch", murmelt Anja.

„Und?"

„Bitte, Lara, können wir nicht gehen? Es ist doch nichts Schlimmes passiert!", quengelt Mark.

Ich finde, das ist eine gute Idee. Vielleicht macht er noch mal so einen lustigen Handstand?

„Gleich, Mark“, vertröstet ihn Lara.

Anja schaut zu Boden. „Na ja, es hat ein bisschen Durcheinander gegeben, hinten im Stadel“, rückt sie mit der Wahrheit heraus. „Ich … ich hab vergessen das Koppeltor zuzumachen und Susa und Sunny sind mit mir raus und in den Schober gegangen. Und dann ist irgendwie alles zusammengekracht.“ Sie schaut Lara flehend an. „Aber Mark kann wirklich nichts dafür, es ist alles meine Schuld! Er hat mir noch geholfen!“

Hans schaut Mark an. „Warum hast du das nicht gleich erzählt?“

Mark hebt die Schultern. „Weil ich keine Petze bin. Und außerdem hätten Sie mir ja doch nicht geglaubt.“

„Woher willst du das denn wissen?“, erwidert Hans. „Probier es doch das nächste Mal einfach aus.“

Lara schüttelt den Kopf. „Dann werd ich mir das Unglück wohl mal ansehen müssen.“

„Lieber nicht“, flüstert Anja. Sie tritt von einem Fuß auf den anderen. „Es ist … echt nicht so toll.“

„Oh Mann, Anja, halt doch besser die Klappe“, unterbricht Mark sie.

„Ist ja schön, dass du deine Schwester in Schutz nehmen willst –", fängt Hans an, aber Mark unterbricht ihn: „Will ich nicht, aber sie macht uns mit ihrem Gelaber nur noch mehr Ärger."

„Denkst du wirklich, wir kommen nicht sowieso dahinter?", meint Lara. „Oder habt ihr das Chaos beseitigt?"

„Nee." Mark schüttelt den Kopf. „Das schaffen wir nicht allein."

„Na, das ist doch schon mal ein Anfang, Mark", setzt Hans erneut an, „du kennst unsere oberste Grundregel hier im Zentrum: Ehrlichkeit. Wir sagen immer die Wahrheit, und wenn sie noch so unangenehm ist. Niemand reißt dir dafür den Kopf ab, denn Missgeschicke passieren nun mal. Und manchmal tut man Dinge, die man hinterher bereut, wie dein Weglaufen vorhin – in den nassen Sachen bei dieser Jahreszeit war das sehr leichtsinnig." Er spricht ganz ruhig und geduldig.

„Schon klar", murmelt Mark. „Dann komm ich nach der Stunde bei Ihnen vorbei und sitze eben wieder nach."

„Mark, davon war nicht die Rede. Ich möchte mich nur mit dir in Ruhe darüber unterhalten. Es interessiert mich, was in dir vorgeht – und wenn wir gleich nach so einem Vorfall darüber sprechen, wird es vielleicht auch für dich klarer."

„Ach, das Gelaber bringt doch nichts!" Mark wedelt mit den Armen, wie er es immer macht, wenn er sich aufregt. „Ich geh mich jetzt umziehen oder ist das Voltigieren auch abgesagt?"

„Nein, geh nur, ich bin gleich so weit", antwortet Lara.

Als Mark weg ist, murmelt Anja: „Er meint immer, dass alle gegen ihn sind."

„Er wird es schon lernen, dass er sein Verhalten ändern und von sich aus auf die Leute zugehen muss", tröstet Hans sie. „Aus diesem Grund ist er ja hier. Das braucht alles seine Zeit, Anja. Wenigstens ist er bisher nicht ausgerissen, wie von euch zu Hause."

„Ja, Anja, auch du musst Geduld haben", pflichtet Lara bei. „Du musst einsehen, dass es dein Bruder im Augenblick nicht leicht hat und er unsere Hilfe braucht. Aber dabei müssen wir behutsam sein."

„Ja, immer muss *ich* Geduld haben", mault Anja. „Zu Hause höre ich auch nichts anderes. Mark ist ein Ekel, aber jeder gibt sich Mühe es ihm recht zu machen. Das ist doch auch nicht okay, oder?"

„Nun …", setzt Lara an, aber sie wird abgelenkt.

Gerade kommt Berti angelaufen. „Was ist denn im Stadel passiert?“, ruft er empört. „Das ist ja das absolute Chaos!“ Sein Blick fällt auf mich und er hebt die Brauen. „Aha, eine Schuldige habe ich wohl schon gefunden!“

Mist, Mama hätte mich doch gründlicher putzen sollen. Ich hätte nicht gedacht, dass er so schnell darauf kommt!

„Das ist meine Schuld, Berti“, gesteht Anja mit einem schiefen Lächeln. Sie verknotet die Finger ineinander. „Ich hab das Gatter offen gelassen und Susa und Sunny sind mir nachgelaufen.“

„Na, da wirst du einiges zu tun haben, Mädchen“, brummt Berti. „Du glaubst doch wohl nicht, dass ich das allein wieder in Ordnung bringe?“

„Nein, nein, ich mache das schon“, versichert Anja schnell.

„Allein schaffst du das nicht. Gib mir Bescheid, wenn du so weit bist, Berti, dann schicke ich dir die anderen zum Helfen.“

„Nein, lieber nicht!“, wehrt Anja erschrocken ab. „Wenn die rauskriegen, warum sie da schuften müssen, machen die mich zur Schnecke!“

Aber alles Flehen hilft nichts, Hans hat entschieden. „Es ist eine gute Sache, wenn alle zusammen arbeiten.“

Inzwischen kommt Mark mit Trainingsklamotten zurück und schwingt sich auf Maxl, der wieder im Kreis um Lara läuft.

Mama steht neben mir und guckt ebenfalls zu. „Diese lange Leine nennt man Longe“, erklärt sie mir. „So lernen die Menschen auch reiten, aber voltigieren ist natürlich viel schwerer.“

„Mark hält sich aber gut oben“, stelle ich fest.

„Ja, er tut zwar immer so, als ob er uns Pferde blöd findet, aber ich kann spüren, dass er ziemlich viel Spaß dabei hat“, stimmt Mama zu. „Er hat wohl Angst, dass die anderen ihn auslachen, wenn er das zugibt. Ich höre den Kindern ja öfter zu und Mark gibt gern den Ton an. Er will furchtbar cool sein, sagen sie, wenn er außer Hörweite ist.“

Wölfe ums Haus

Der Frühling kommt in den nächsten Wochen mit aller Macht. Das Wetter ist meistens gut, sodass ich viel draußen rumtoben kann.

„Dir kann man ja dabei zuschauen, wie du wächst!“, stellt Anja fest.

„Wem sagst du das“, seufzt Mama. „Irgendwann wirft sie mich noch um, so stürmisch ist sie!“

Mein erstes Fohlenfell habe ich inzwischen auch abgelegt.

„Schau dir dieses goldene Fell und die fast silbrig wachsenden Schweif- und Mähnenhaare an!“, sagt Berti zu Anja. „Ein Lichtfuchs, fast isabellenfarbig!“

Ich bin auch ganz schön kräftig, mein Bäuchlein ist immer prall gefüllt und wohl gerundet. Meine Beine sind keine dürren Stecken mehr. Mittlerweile sind alle Pferde auf einer Koppel zusammen, und ich kann den einen oder anderen Wallach dazu überreden, mit mir zu spielen. Vor allem Speedy rennt gern mit mir um die Wette, er ist nämlich erst vier Jahre alt und hat kaum weniger Flausen im Kopf als ich. Kein Wunder, dass ich da gute Muskeln entwickle!

Die meisten Kinder spielen gern mit mir. Einige sind ja ziemlich wild, wie Pepe und Tom, aber wenn es mir zu viel wird, laufe ich einfach weg. Pepe ist ziemlich anstrengend, dauernd futtert er etwas und schmatzt dabei laut, und er schreit mehr, als dass er redet. Er macht sich immer wichtig und schubst die anderen oft herum. Tom und er streiten sich andauernd, weil Tom immer herumkommandiert. Dann gibt es da noch Monika, die sehr still und schüchtern ist, ich glaube, sie hat ein bisschen Angst vor mir, obwohl ich sehr behutsam mit ihr umgehe. Anna ist oft vorlaut, Jochen und Fritz wissen immer alles besser.

Hans und Lara haben alle Hände voll mit ihnen zu tun.

Berti gegenüber sind sie allerdings nie frech, denn sonst werden sie zum Stalldienst verdonnert. Berti wird sehr böse, wenn sie zu grob mit uns Pferden oder auch mit Lili und Sammy werden. „Was kann das Tier für deine schlechte Laune?“, schimpft er dann. „Wenn du zu viel Energie hast, geh Holzhacken oder hilf mir bei der Arbeit!“

Hin und wieder kommen auch andere Leute zum Arbeiten, aber die sehe ich kaum, weil sie vom Parkplatz immer gleich ins Hauptgebäude gehen. Neben diesem großen Haus stehen links und rechts noch zwei andere, das eine ist unser Stall, in dem anderen wohnen die Kinder.

Am liebsten habe ich natürlich Anja. Außer, wenn sie wie jetzt mit so einem komischen Dings auf mich zukommt. Irgendwie ahne ich schon, dass gleich was mit mir passieren wird!

„Hallo, Sunny, hast du Lust auf einen kleinen Ausflug?", fragt mich Anja. „Guck mal, was ich hier habe. Das ist dein allererstes Fohlenhalfter. Es ist noch richtig winzig klein und wird dich gar nicht stören. Damit können wir aber nach draußen und einen Spaziergang machen. Zusammen mit deiner Mama natürlich."

So, so, ein Halfter. Das kenne ich doch, ich hab's schon an Maxl und den anderen gesehen, wenn sie aus der Koppel zum Reitunterricht geführt werden. Aber für mich ist das doch nichts. Ich gehe schließlich bei Fuß mit Mama.

„Na, komm, halt doch still!" Anjas Zunge kreist aufgeregt zwischen den Lippen vor Anstrengung mir das Halfter anzulegen.

„Nee, nee, Anja, das brauch ich nicht. Lass mal!" Ich ziehe den Kopf hoch und zur Seite.

Schließlich gibt Anja auf. „Dann schmusen wir eben nur."

Das ist eine viel bessere Idee, das mag ich gern! Ich drücke den Kopf an sie und schnuppere gleichzeitig, ob sie nicht irgendwas in den Taschen für mich hat. Seit meine Zähne nämlich wachsen, fange ich an zusätzlich zur Milch andere Sachen zu probieren. Berti hat sogar extra einen Futtertrog für mich gebaut, der in der richtigen Höhe ist, und wo nur meine schmale Nase durchpasst, damit mir keiner mein Futter wegfrisst. Mama kennt da nämlich nichts, die bringt das glatt fertig.

Hey ... jetzt hab ich ja doch das Halfter um! Wie hat Anja denn das gemacht?

„Ist ja gut“, lacht Anja. „Es tut doch gar nicht weh, oder?“

„Aber es stört mich. Nimm's ab!“

Inzwischen stapft Berti heran und verpasst Mama auch ein Halfter.

„Mama, sag Anja, sie soll das lassen“, bitte ich sie.

„Ich möchte aber gern einen Spaziergang machen, Sunny, und du kannst ruhig den Umgang mit dem Halfter lernen“, weist Mama mich zurecht. „Schließlich wirst du nicht immer nur auf der Weide herumtoben, sondern später für die Menschen arbeiten. Du bist schließlich kein Wildpferd.“

„Mfft! Pfffmmmt!“ Ich pruste, so heftig ich kann. Aber das Halfter sitzt fest. Und jetzt zieht Anja am anderen Ende des Strickes und will, dass ich mitgehe. Da hat sie sich aber geschnitten.

Moment, jetzt geht Mama mit Berti weg! Will sie mich etwa hier allein lassen?

„Komm, Sunny!“, lockt Anja mich.

Also schön, dann gehe ich eben mit. Aber nur, weil Mama sonst ohne mich abhaut.

Wir gehen um die Koppel herum, Richtung Wald. Dazwischen liegt ein großes, freies Feld. Ich werde gar nicht fertig mit Schauen, so spannend ist das.

„He, wartet auf mich! Das könnt ihr doch nicht machen“, kläfft jemand hinter uns. Dann saust ein schwarzer Blitz an mir vorbei, hechelnd und mit fliegenden Ohren. „Ich will auch mit“, japst Sammy.

Er liebt nichts mehr als einen Spaziergang. Er rennt vor und zurück, zwischen unseren Beinen oder unter Mamas Bauch hindurch und wieder übers Feld davon. Ich würde ihm am liebsten nachsetzen, aber Anja hält mich am Strick fest und ermahnt mich, dass ich gefälligst nicht so rumzappeln, sondern brav im Schritt gehen soll.

„Sieh doch, wie Susa und Berti es machen“, sagt sie zu mir. „So geht das.“

Da bin ich aber anderer Meinung.

Doch als wir dann im Wald sind, bin ich

brav. Mit großen Augen schaue ich mich um. Hier gibt es nur schmale Wege und überall stehen große Bäume, die einem die Sicht versperren. Ich kann den Himmel kaum sehen und Gras gibt es hier auch keines. Unter meinen Hufen raschelt es, und um mich herum gibt es komische Geräusche, die mir unheimlich sind.

„Mama, gibt es hier Wölfe?“

„Nein, Sunny.“

„Warum gehen wir hier durch?“

„Die Menschen lieben den Wald. Und ich mag ihn auch, weil der Boden schön weich ist. Manchmal verlassen wir die Wege und stapfen zwischen den Bäumen hindurch, das ist lustig und es gibt eine Menge zu sehen.“

„Haut ab! Haut ab!“, kreischt plötzlich etwas über uns los, und ich mache einen Satz seitwärts.

„Was ist das?“, flüstere ich.

„Haut ab! Haut ab!“

„Ach, nur so ein Flattervogel“, meint Mama gelassen.

„Flattervogel? Du unverschämter Klops, ich hacke dir gleich in die Nase! Haut ab! Haut ab!“

Endlich entdecke ich den Flattervogel. Er ist nicht sonderlich groß und schwarz und hüpft wild auf dem Ast herum, während er immer dasselbe zetert.

„Krah! Sei doch endlich still! Krah! Krah! Amslerich, halt den Schnabel!“ Noch ein schwarzer Vogel, aber ein ziemlich großer! Er fliegt dicht über den Amslerich hinweg, und der verschwindet in einen Busch, aus dem heraus er ununterbrochen lamentiert.

„Ich glaube, wir sind hier nicht gern gesehen“, stelle ich fest.

„Natürlich nicht“, erwidert Mama, „aber wen interessiert das? Sie können uns nichts tun.“

Dann aber bleibe ich stehen und alle Haare sträuben sich mir. „Ouuuuuu!“, schallt es durch den Wald.

„Es gibt doch Wölfe!“, rufe ich.

„Wauuuuu! Ruhe, hier ist Sammy, ich bin stärker als du!“

„Ouuuuu!“, antwortet es Sammy. Es klingt einfach schauerlich, ganz anders als Sammys Gewuffe. „Pass auf, gleich komme ich!“ Ich habe noch nie eine so Furcht einflößende Stimme gehört.

Sammy lässt sich aber nicht beeindrucken. Auf dem Rücken hat sich eine Haarbürste gebildet, sein Schwanz ist steil hochgereckt und er bellt wütend. „Traust dich ja doch nicht!“

„Ruhe, Sammy!“, befiehlt Berti scharf.

„Das ist bestimmt Brutus“, vermutet Anja. „Ich hoffe, dass er nicht frei herumläuft.“

„Wer ist Brutus, Mama?“

„Ein Hund, das hast du doch gehört.“

„Ich gehe nicht weiter.“ Mein Entschluss steht fest. Bis hierher und nicht weiter, nicht einen Schritt. Brutus will ich nicht begegnen.

„Komm doch“, bittet Anja. Sie stellt alles Mögliche an, um mich zu überreden. Vergeblich.

„Na, für das erste Mal reicht es auch“, wird Berti endlich vernünftig. „Kehren wir um.“

Ich bin froh, als wir zurück sind. Die vertraute Umgebung ist mir doch viel lieber. Außerdem gibt es hier immer was zu futtern.

Am Wochenende ist keine Schule und die Gruppe reitet meist am Vormittag aus. Mama und ich bleiben als Einzige auf dem Gelände zurück. Das ist für mich die beste Gelegenheit, sie zu einem Wettrennen herauszufordern – dann sagt sie nämlich nie Nein!

An den Nachmittagen kommen Marks und Anjas Eltern zu Besuch. Ich finde sie beide sehr nett. Sie sind groß und streicheln mich und lächeln viel.

„Hallo, Mark“, sagt seine Mama und umarmt ihn. „Wie geht es dir?“

„Wie war deine Woche?“, fragt ihn sein Papa.

„Wir haben dir einen neuen Gameboy mitgebracht", sagt seine Mama, noch bevor er antworten kann, und zeigt ihm eine Schachtel.

„Wir könnten zum Eisessen fahren, wenn du Lust hast", schlägt im gleichen Atemzug sein Papa vor.

„Jetzt macht doch nicht immer so 'ne Hektik", unterbricht Mark sie. „Ich bin doch nicht bekloppt oder so, warum könnt ihr euch nicht mal ganz normal benehmen?"

„Das versuchen wir ja, Mark, aber du machst es uns auch nicht gerade einfach", verteidigt sich die Mutter.

„Ist es aber", unterbricht Mark sie wütend. „Ich will einfach nur in Ruhe gelassen werden!"

Und dann rennt er auf sein Zimmer und seine Mama geht langsam und irgendwie traurig hinterher.

Marks Papa kommt zu uns her. Lara putzt mich gerade. Ich kann jetzt übrigens schon meine Hufe heben zum Saubermachen. Anfangs war das ein bisschen schwierig, ich bin ein paarmal beinahe umgefallen, bis ich mein Gleichgewicht gefunden hatte. Aber jetzt ist das ein Kinderspiel für mich.

„Können Sie mir sagen, was wir jetzt schon wieder falsch gemacht haben", fragt er Lara seufzend.

„Ich denke, Mark fühlt sich etwas in die Enge getrieben von Ihrer Fürsorge“, antwortet Lara. „Lassen Sie ihm Zeit und überfordern Sie ihn nicht.“

„Deswegen ist er ja hier, damit er diese Zeit bekommt, aber irgendwie müssen wir doch miteinander umgehen, schließlich sind wir eine Familie.“ Er seufzt noch einmal. „Wir müssen doch auch sehen, dass die Situation für Anja einigermaßen erträglich bleibt. Sie ist schließlich auch noch ein Kind und möchte nicht ständig hinter Mark zurückstehen müssen, nur weil sie unkompliziert ist. Wir hoffen wirklich sehr darauf, dass Sie Mark helfen können.“

„Aber sicher“, antwortet Lara zuversichtlich.

Mal sehen, ob er mich dann auch mal streichelt.

Fürs Erste kommt Mark zumindest wieder aus seinem Schmollwinkel und die ganze Familie fährt weg zu einem Ausflug. Lara verlässt mich ebenfalls und dann sind Mama und ich wieder mal ganz allein.

Das finde ich ziemlich langweilig. Alle sind unterwegs und machen was Spannendes, nur ich muss zu Hause bleiben. Mama spielt immer nur kurz mit mir und dann ist sie anderweitig beschäftigt – mit Fressen. Manchmal steht sie auch am Zaun und guckt Richtung Wald, als wäre sie gern bei der Reitgruppe mit dabei.

Selbst Berti ist unterwegs. Am Wochenende macht er uns in aller Frühe fertig und verschwindet dann vom Hof.

Doch schlagartig ist es vorbei mit der Langeweile. „Ouuuuu!“, schallt es vom Wald herüber.

Ich erstarre und meine Haare stellen sich auf. „Hast du das gehört, Mama?“

„Was denn?“

„Na, dieses Geheul! Das war doch Brutus.“

„Na und? Er ist auf der anderen Seite des Waldes.“

„Grrrrrrr! Wouuuhuuu!“

„Das klingt aber jetzt ziemlich nah!“, murmle ich und stelle mich dicht zu Mama. „Ich finde, er klingt wie ein Wolf!“ So etwas wissen wir Pferde, auch wenn ich beispielsweise noch nie einen Wolf heulen gehört habe. Das ist ein Urinstinkt.

„Er ist aber keiner, glaub mir doch!“ Mama stupst mich an. „Er ist nur ein Hund!“

„Grrrrrr!“, grollt es ganz tief. Ich spähe angestrengt zum Waldrand. Und dann sehe ich einen riesigen Schemen zwischen zwei Bäumen hindurch – aber nur ganz kurz, dann ist er wieder verschwunden.

„Er ist frei“, quietsche ich. „Mama, er kann hierher kommen und uns –“

„Sunny, hör endlich mit diesem Unsinn auf!“, ermahnt Mama mich streng.

„Aber ich hab ihn gesehen! Er ist riesengroß!“

Ich laufe um Mama herum und starre wieder zum Waldrand, mit steil aufgestellten Ohren. Aber jetzt ist alles still, und ich entdecke auch keinen Schatten mehr. Das ist fast noch unheimlicher, als ihn zu hören und zu sehen. Denn ich weiß, dass Brutus immer noch unterwegs ist – aber nicht, wo.

Sunny allein zu Haus

Ich bin froh, als die anderen vom Ausritt zurückkommen.

„Habt ihr Brutus gesehen?“, frage ich Basti, unseren Senior. Er ist der Ruhigste von allen und wir hören meistens auf sein Kommando. Maxl eifert ihm nach und ist das beliebteste Voltigier-Pferd. Gretel ist die Verlässlichste und für ängstliche Reiter wie die scheue Monika reserviert. Solo, Flocky und Speedy müssen bei den Ausritten immer unter den Kindern verlost werden. Sie haben alle jede Menge Temperament und Freude daran, mit den Kindern abzudüsen. Wolke, der dickste Brocken mit seinem herrlichen Flauschefell, wird immer von einem Erzieher geritten; Hans und Lara wechseln sich bei den Ausritten ab.

„Nein“, antwortet Basti. „Was soll denn mit Brutus sein?“

„Er war frei! Und ich habe ihn ganz nah heulen gehört!“

„Wir sind ihm nicht begegnet, Sunny. Du hast vielleicht geträumt. Brutus ist immer eingesperrt, weil er ein ziemlich verrückter Hund ist.“

Das trägt nicht dazu bei, mich zu beruhigen. Ich weiß, was ich gesehen und gehört habe. „Hoffentlich kommt er nie hierher!“, spreche ich meine größte Befürchtung aus.

„Aber wir sind doch alle da, Kleines“, tröstet mich Basti und schnaubt mir ins Ohr. „Wenn wir alle zusammenhalten, sieht es auch für so einen verrückten Hund schlecht aus.“

Trotzdem passe ich den ganzen Sommer über auf. Ich kann ihn manchmal nachts hören, aber zum Glück nie sehr nahe. Außerdem sind wir dann immer im Stall und das Tor ist zu. Trotzdem lässt der Gedanke an Brutus mich nicht los, so Furcht erregend kommt er mir vor. Ich habe Sammy mal gefragt, ob er diesen Hund schon gesehen hätte, aber er sagte Nein.

„Ich glaub ehrlich gesagt nicht, dass es diesen Brutus überhaupt gibt“, erklärt er mir. „Und selbst wenn, den würd' ich ganz schnell verjagen.“

Dieser schlaksige, tapsige Kerl? Da muss ich ja wiehern! Aber natürlich nur leise in mich hinein, ich will Sammy schließlich nicht beleidigen.

Einzig Lili glaubt mir. Sie ist sehr viel auf den Feldern unterwegs und hat Brutus auch schon mal heulen gehört. „Es heißt, dass er besonders gerne junge Kätzchen jagt“, vertraut sie mir an. „Man tut gut daran, ihm aus dem Weg zu gehen."

Aber natürlich denke ich nicht alle Tage an diesen unheimlichen Hund. Es gibt genug anderes zu tun – spielen und bei Anja in den Unterricht gehen. Ich lerne immer besser am Halfter zu gehen oder meine Beine anheben zu lassen. Und ich lerne erste Kommandos wie „Stehenbleiben" und „Gehen". Der Tierarzt kommt wieder mal und verpasst mir meine erste Impfung. Er ist sehr zufrieden mit mir und meint, dass ich mich prächtig entwickle. Ich ernähre mich jetzt vorwiegend von Fohlenfutter und fange auch mit dem Grasen an. Zu Mama gehe ich eigentlich nur noch aus Gewohnheit, obwohl ich ihr manchmal lästig falle und sie nach mir schnappt. Sie gibt auch bei weitem nicht mehr so viel Milch, und die hat kaum noch Geschmack.

Das Wetter ist meistens gut, aber auch Regen macht mir nichts aus. Wenn es tagsüber allerdings zu heiß ist, stehe ich wie Mama und meine Freunde faul in der Gegend herum oder lege mich in den Schatten eines Baumes, weil ich keine Lust zum Rennen habe.

Die Kinder hingegen finden das Wetter toll, denn bei der Hitze haben sie weniger Unterricht und dürfen am Nachmittag zum Baden an einen kleinen See in der Nähe. Die Therapiestunden mit den Pferden werden auf den Abend verlegt, wenn es kühler wird.

Eines Nachmittags kommt Berti mit einem Halfter, das er Mama umlegt.

„So, kleine Sunny, nun beginnt die nächste Stufe deiner Erziehung“, sagt er zu mir.

„Was meinst du damit?“ Ich tripple an Mamas Seite.

Mama geht bereitwillig mit Berti. Er öffnet das Gatter – und macht es genau vor meiner Nase zu.

„He, Berti, was soll das?“, wiehere ich verdutzt. Ich stoße mit dem Kopf gegen das Tor, aber es bleibt zu.

„Bleib hier und sei schön brav“, sagt Berti. „Du hast ja die anderen Pferde und bist nicht allein. Basti adoptiert dich bestimmt gern.“

„Aber … aber …“ Ungläubig glotze ich Mama hinterher, die mit Berti geht.

Nach einer Weile aber dreht sie sich nach mir um. „Sunny?“

„Ich bin hier, Mama! Berti hat mich eingesperrt!“ Ich springe nervös herum.

Mama bleibt wie in den Boden gerammt stehen und fängt an zu wiehern.

Und ich wiehere mit. Ich will raus hier! Zu meiner Mama, wo ich hingehöre. „Mama, Mama!“ Ich steige am Zaun hoch, aber ich kann leider nicht drüberklettern wie Lili. Mein

Wiehern wird immer kläglicher, die Angst immer größer.

„Na, komm, Susa. Wir gehen. Komm schon.“ Berti ist unnachgiebig.

Mama gehorcht, weil sie weiß, dass er stärker ist. Ich weiß nicht, wo sie hingeführt wird, ich kann sie nicht mehr sehen. Aber hören!

„Sunny!“, wiehert sie. „Keine Angst, mein Kleines!“

„Mama!“, antworte ich. „Sie dürfen dir nichts tun.“

Den restlichen Tag stehe ich am Zaun oder ich trabe unruhig auf und ab. Ich bettle, flehe und weine. Mein Wiehern ist nur noch ein dünnes Fiepen. Aber ich gebe nicht auf. Sie können mir doch nicht einfach meine Mama wegnehmen! Warum tun sie das?

„Maaamaaa!“

Anfangs habe ich sie noch antworten gehört. Aber inzwischen bleibt alles still. Wenn ihr nun was passiert ist? Wenn Brutus sie angegriffen hat? Oder vielleicht war Mark böse auf sie und hat sie weggejagt? Wo ist nur Anja, warum hilft sie mir nicht? Niemand hilft mir!

„Maaamaaa!“

„Na, nun hör doch mal auf hier rumzuplärren.“ Basti steht neben mir und stupst mich an. „Komm, wir laufen ein bisschen herum. Du darfst mich jagen.“

„Basti, was geschieht mit Mama?“

„Nichts, Sunny. Es wird nur Zeit für eure Trennung. Du musst lernen, ohne deine Mama auszukommen. Du bist jetzt ein Absetzer, so nennt man das, auf dem besten Weg zur Selbstständigkeit.“

„Aber warum hat mir das niemand gesagt?“

„Das ist eben so. Alle Fohlen haben das mal durchgemacht. Ich auch.“

„Es tut schrecklich weh!“

„Ja, aber nur am Anfang. Das geht schnell vorbei. Komm mit zu uns!“

„Nein, ich will zu meiner Mama.“

Ich lasse mich durch nichts dazu bewegen, meinen Platz zu verlassen. Ich werde so lange hierbleiben, bis Mama zurückkehrt.

Als es Zeit für die Nachtruhe im Stall wird, kann ich es kaum erwarten hineinzukommen. Bestimmt wartet Mama drin auf mich! Berti ist inzwischen zurückgekommen, aber allein. Er öffnet das Gatter und ruft uns mit dem Zauberwort: „Futterzeit!“

Da fliegen alle Köpfe hoch und die Ohren werden gespitzt. Wehende Mähnen und Schweife, so trabt einer nach dem anderen in den Stall und in seine Box. Dazu braucht es kein Halfter und keine Führung, jeder von uns kennt seinen Platz und sucht ihn von selbst auf. Nacheinander natürlich, denn sonst gibt's Ärger.

Da ich ganz vorne bin und ziemlich unruhig, bin ich auch als Erste drin. Rein in die Box – aber sie ist leer!

„Mama?“ Ich schaue mich um, meine Nüstern sind gebläht, die Augen aufgerissen. „Mama, wo bist du?“

Ich verbringe die traurigste Nacht meines Lebens. Vor lauter Kummer mag ich nicht mal fressen und schlafen schon gleich gar nicht. Mit hängendem Kopf stehe ich da und begreife die Welt nicht mehr.

„Mrrrau“, höre ich irgendwann und etwas streicht mir zart um die Beine. „Warum weinst du, kleine Sunny?“

„Ach, Lili, Mama ist weg, und ich bin so allein! Es tut ganz schrecklich weh!“

„Das kann ich verstehen. Aber für jedes Kind kommt einmal die Zeit der Trennung von den Eltern. Bei uns Katzen ist das nicht anders“, schnurrt Lili. Sie springt auf die Trennwand und betrachtet mich aus großen, unergründlichen Augen. „Du wirst darüber hinwegkommen, Sonnenscheinchen.“

„Nein, niemals“, heule ich.

„Du musst! Diese Traurigkeit passt gar nicht zu dir. Na komm schon, kleiner Springinsfeld. So schlimm ist es nicht. Je schneller du dich beruhigst, desto eher siehst du deine Mama wieder. Ihr werdet nämlich nur für begrenzte Zeit voneinander getrennt sein."

„Ja … und dann?"

„Dann bist du kein Fohlen mehr, sondern ein Jungpferd. Du lernst, auf eigenen Pfoten … Verzeihung, Hufen zu stehen."

Wenn ich das nur glauben könnte! Aber so, wie es sich im Moment anfühlt, bin ich sicher, dass der Schmerz nie mehr vergehen wird.

In den nächsten Tagen ist mit mir nicht viel anzufangen. Ich bin ungebärdig und wild und rufe fast ununterbrochen nach meiner Mama. Ich mag nicht fressen und schlafen und ich werde von den anderen Pferden getrennt, weil ich mich so aufführe.

Ich komme in einen abgegrenzten Teil der Koppel – mit nur so einem dünnen Schnürchen drumherum. Da renne ich doch mir nichts, dir nichts durch.

Bzzzz. „Aua!" Was … was war das denn? Das brennt ja gemein auf dem Pelz! Es ist zwar gleich wieder vorbei, aber trotzdem. Wie kann das von dem Schnürchen ausgehen? Das muss ich gleich noch mal probieren!

Bzzzzz.

Auaaa, das gibt's doch nicht! Mit zitternden Flanken, an der Brust schwitzend, beäuge ich das Schnürchen aus sicherer Entfernung. Das hat ja wirklich Dampf drauf! Ich glaube, das probier ich nicht noch mal. Dieses Menschenwerk ist nichts für Pferde.

Kopfschüttelnd trabe ich in meinem Viereck herum. Ist das ein Pferdeleben? Wie kann Mama da immer so zufrieden sein, wenn solche Dinge auf einen warten?

Aus dem Augenwinkel sehe ich plötzlich Mark. Wie aus dem Boden gewachsen steht er da und guckt sich nach allen Seiten um. Niemand sonst ist in der Nähe, selbst Basti und die anderen weiden ganz am anderen Ende der Koppel. Ich bleibe stehen und drehe den Kopf zu Anjas Bruder.

Mark stellt sich nah an den Zaun. „Komm mal her, du.“ Dabei schaut er sich immer wieder um, als ob er wittere. Fast wie ein Pferd.

Ich zögere. Ich hab jetzt wirklich keine Lust auf ein wildes Abenteuer mit Mark.

„Na komm schon.“ Mark spricht mit leiser, sanfter Stimme. Er streckt einen Arm aus … sehe ich da was in seiner Hand? Das muss ich mir natürlich genauer ansehen.

Langsam stakse ich näher, immer noch zögernd. Ich erinnere mich zu gut an die vielen vergeblichen Versuche mit Mark Freundschaft zu schließen.

Aber Mark bleibt ganz ruhig. „Brav, kleine Sunny. Komm her.“

Mein Hals wird lang und länger. So richtig traue ich mich nicht an den Zaun, aber ich muss herausfinden, ob sich in der Hand ein Leckerli befindet. Ich glaube, ich kann schon einen Duft auffangen …

Ich muss doch noch ein paar Schritte weitergehen, so komme ich nicht hin. Mark zieht nämlich langsam seine Hand zurück, das ist gemein. Er weiß, dass ich jetzt nicht mehr zu halten bin. Schließlich stehe ich ganz dicht am Zaun, Auge in Auge mit Mark. Er hält mir die flache Hand hin und darauf liegt tatsächlich ein Apfelstückchen. Ich nehme es mit spitzen Lippen und kaue genussvoll. Meine erste Mahlzeit seit langem! Jetzt merke ich erst, wie hungrig ich bin.

Ich halte ganz still, als Mark mich behutsam an der Stirn krault und meine Blesse mit dem Finger nachzieht. Es tut so gut, dass sich endlich jemand um mich kümmert.

„Ich weiß genau, was in dir vorgeht", flüstert Mark mir zu. „Aber es wird alles wieder gut."

Das haben mir schon viele gesagt. Aber Mark ist der Erste, dem ich glaube. Ich weiß nicht, warum. Ich spüre, dass er mich wirklich versteht. Seufzend lege ich meinen Kopf auf seine Schulter und lasse mich mit geschlossenen Augen beschmusen.

„Braves Pferdchen“, lobt Mark mich. „Ist ja alles gut.“

Wir zucken beide zusammen, als wir ein Poltern aus dem Stall hören.

„Okay, das war's“, sagt Mark hastig. Er tätschelt noch einmal meinen Kopf. „Wenn du mich verpetzt, nehme ich dieses Ohr als Vorspeise, klar?“ Er zupft an meinem rechten Ohr. Dann ist er schnell Richtung Wohnhaus verschwunden.

Ich stehe verdattert am Zaun. Warum kann Mark nicht immer so sein? Wenn ich das nur Anja erzählen könnte.

Dann erinnere ich mich wieder an meinen Kummer. Ich hatte ihn tatsächlich für ein paar Augenblicke vergessen. Und irgendwie tut es jetzt gar nicht mehr so weh.

Das schwarze Ungeheuer

Nach einer ungestörten Nacht und mit gefülltem Magen fühle ich mich schon viel besser. Ich halte nicht mehr dauernd Ausschau nach Mama, sondern gucke meinen Freunden auf der Koppel nach, die gemütlich grasend dahinstreifen. Hoffentlich darf ich bald zu ihnen, denn so ganz allein fühle ich mich nicht wohl. Aber ich weiß jetzt, dass ich ohne Mama auskommen kann. Es tut schon fast nicht mehr weh, wenn ich an sie denke.

Mark habe ich nicht mehr gesehen, er ist wie üblich ständig auf Achse. Mit Fortschreiten des Sommers hat auch das Interesse der anderen Kinder an mir nachgelassen, ich bin jetzt ein alltäglicher, normaler Anblick und keine Sensation mehr. Nur Anja ist mir treu, ich sehe sie sonst fast jeden Tag – aber gerade jetzt kommt sie auf einmal nicht mehr. Verlassen mich jetzt alle?

Es ist ein fast unerträglich heißer Tag. Die Kinder sind alle mit den Rädern zum Baden gefahren. Auf dem Hof ist es ganz still. Basti und die anderen stehen im Schatten der Bäume und dösen. Ich habe mir auch ein Schattenplätzchen gesucht und kaue lustlos auf einem Büschel Gras. Vor dem Eingang zum Haupthaus liegt Sammy flach auf dem Boden und schnarcht.

Dies ist ein Tag, mit dem man nichts anfangen kann. Wenn niemand bei mir ist, ist es am schlimmsten. Ich langweile mich bald zu Tode. Wenn nur Anja endlich wieder mal vorbeischauen würde. Wo ist sie nur?

Auf einmal kommt Lili übers Feld gerannt. Sie springt auf den Zaun der Koppel, ihr Fell ist gesträubt, der Schwanz ganz dick.

„Miau! Er kommt!“, ruft sie atemlos. „Er muss sich losgerissen haben!“

„Wer?“, rufe ich alarmiert. Meine Ohren drehen sich heftig in alle Richtungen, aber ich höre kein ungewöhnliches Geräusch. Aber Katzen haben ja besonders feine Sinne. „Wer kommt, Lili?“

Doch sie achtet nicht auf mich, sondern rennt weiter über den Hof und trampelt mit allen vier Pfoten auf Sammy herum.

Er schreckt aus tiefstem Schlaf hoch. „Wa… waff! Was ist los? Was ist los?“ Er springt auf und dreht sich nach allen Seiten.

„Ich bin's doch!“, ruft Lili. „Wach auf, du Tölpel, wir haben Alarm!“

„Alarm? Wer? Wo?“ Sammy rennt auf dem Hof im Kreis und kläfft, was das Zeug hält. „Kommt nur her! Ich kriege euch alle!“

Ich laufe am Zaun entlang. „Lili, sag doch endlich, was los ist!“

Doch sie braucht nichts mehr zu erzählen. Da kommt er schon.

Ich sehe ihn aus dem Wald kommen. Er ist groß und massig und sehr schnell.

„Da ist er!“, wiehere ich. „Alarm! Der Feind!“ Und ich stoße meinen instinktiven Wolfs-Warnruf aus.

Sofort schießen die Köpfe der anderen hoch. Lili gibt Fersengeld Richtung Stall und verschwindet. Sammy rennt bellend in meine Richtung.

Brutus ist eben doch ein Wolf, geht es mir durch den Kopf.

Er stößt nämlich keinen Laut aus. Er rennt in Höchstgeschwindigkeit, aber schweigend, genau wie zur Hetzjagd. Ein Freundschaftsbesuch ist das unter gar keinen Umständen.

Wie ein graubrauner Schatten rast er in die Koppel hinein und an mir vorüber, direkt auf Basti und die anderen zu. Ich erkenne nur einen großen Schädel mit scharfen weißen Zähnen, sein Fell ist so kurz wie Sammys. Aber er ist viel größer und schwerer – und schneller.

Sammy spurtet ebenfalls los und zum ersten Mal stolpert er nicht über seine eigenen Beine.

„Verschwinde!“, schreit er Brutus an. „Hau bloß ab, hier! Das ist mein Revier!“

Aber Brutus beachtet ihn nicht. Er rennt zielstrebig auf die kleine Herde zu und jetzt stößt er zum ersten Mal einen Laut aus. „Grrrrrrrr!“ Das bekannte schauerliche Geheul, bei dem sich mir alle Haare aufstellen.

Basti wiehert laut und die anderen fallen ein. Für einen Moment glaube ich, dass sie sich Brutus entgegenstellen. Aber dann siegt doch die Pferdenatur – der Fluchtinstinkt. Basti galoppiert aus dem Stand los und die anderen folgen ihm. Bald sehe ich nur noch Wolken von Staub, Grasfetzen und wirbelnden Hufen.

„Grrrgrrrgrrr“, grollt Brutus, was meine Freunde noch mehr antreibt.

Sammy verfolgt den Eindringling wild kläffend und versucht ihn zu stellen, aber der weicht ihm immer wieder aus, ohne sich von seiner Spur ablenken zu lassen.

Über die ganze Koppel geht die wilde Jagd, alles ist in Panik, und ich wundere mich, dass noch kein Mensch den Aufruhr bemerkt hat.

Ich kann natürlich nicht still halten, völlig verstört renne ich im Kreis und suche nach einem Ausweg. Entsetzt sehe ich, dass die Jagd inzwischen in meine Richtung geht.

„Weg!“, wiehere ich verzweifelt. „Weg von mir!“

Brutus hat mich entdeckt. Als die Herde die Richtung wechselt, rennt er zielstrebig auf mich zu, immer Sammy an den Fersen.

„Wiihh! Wiiiiiiihh!“ Ich bäume mich auf und steige, als Brutus fast heran ist. Das gemeine Schnürchen stört ihn nicht, er läuft einfach unten durch. Ich kann nicht weglaufen, ich muss mich ihm stellen. Ich strample mit den Vorderhufen, was das Zeug hält. Brutus fletscht die Zähne, ich kann seinen Gestank bis hierher riechen. Als er für einen Moment verharrt, hat Sammy ihn endlich eingeholt.

Er ist nur halb so groß wie Brutus, aber er greift ihn todesmutig an. Knurrend rangeln die Hunde miteinander und ich springe in Panik hin und her.

Da höre ich Basti wiehern, von ganz hinten kommt er angedonnert und reißt den Rest der Herde mit. „Sunny, ich komme!“, ruft er.

„Aber der Zaun!“, warne ich ihn.

Doch da sind sie schon heran und wühlen den Boden mit ihren trampelnden Hufen auf. Sammy und Brutus kämpfen immer noch, bis Sammy plötzlich aufjault und davonrennt.

Brutus verfolgt ihn und Basti und die anderen trommeln mit den Hufen gegen den Zaun.

„Sammy, schnapp ihn dir! Du schaffst es“, ruft Gretel.

„Nein, versteck dich!“, rufe ich. Brutus ist viel zu groß und zu stark, Sammy bringt sich nur in Gefahr.

Doch kurz bevor Brutus erneut zuschnappen kann, ist auf einmal Berti da. Er keucht laut, sein Gesicht glüht und ist nass vor Schweiß. Er muss von sehr weit her gelaufen sein. „Zurück!“, brüllt er so laut, wie ich ihn noch nie gehört habe. Berti wird sonst nie laut. Er ist streng zu uns, aber immer sehr ruhig.

Brutus ist so verblüfft, dass er stehen bleibt und Berti anstarrt. Angriffslustig fletscht er die Zähne und knurrt. Der Blick seiner Augen macht mir Angst und ich schüttle mich.

Und dann geht Brutus auf Berti zu. Dieser Hund ist wirklich verrückt!

Aber Berti kann sich wehren – er hebt plötzlich die lange Longierpeitsche, die er hinter dem Rücken gehalten hat, und lässt sie auf Brutus niedersausen.

„Zurück, Brutus! Aus!“, schreit er.

Aber Brutus ist nur kurz zusammengezuckt und hebt erneut die Pfote. *Zinggg*! Die Peitsche saust ein weiteres Mal auf ihn nieder, ein brennender Hieb auf den Pelz.

„U-wuff“, macht Brutus. Ich glaube, das hat er jetzt doch gespürt. Seine Angriffslust lässt merklich nach.

„Sitz!“, befiehlt Berti. „Los!“ Als Brutus zögert, knallt er einmal mit der Peitsche und richtet sie wieder auf den Hund. „*Sitz*!“

Brutus schielt nach der Peitsche.

„Du kommst nicht an ihn ran!“, kläfft Sammy hinter ihm. „Und weg kannst du nicht, denn ich bin auch noch da. Gib endlich auf!“

Berti macht einen Schritt auf Brutus zu und knallt ein zweites Mal mit der Peitsche. Jetzt gehorcht er endlich.

Ich kann es nicht fassen. Ich stehe da und gaffe, als Brutus sich tatsächlich hinsetzt. Jetzt wirkt er auf einmal gar nicht mehr gefährlich.

„Dir werd ich's geben, Pferde zu jagen, eine Schande ist das“, murmelt Berti. Er holt eine kurze Führkette aus der Tasche und geht zu Brutus. Ich denke ja, dass der jetzt zuschnappt, aber er rührt sich nicht. Berti hakt die Führkette in sein Halsband und zieht sie stramm nach oben.

„Bei Fuß jetzt! Los!“

Und Brutus geht mit, widerwillig, aber Berti ist der Stärkere. Wie bei uns auch. Berti hängt die Kette an einen Haken an der Stallmauer und holt das Telefon. Hans und Lara habe ich mit so einem Ding auch herumlaufen sehen;

sie halten es ans Ohr und sprechen in die Luft. Was sie damit bezwecken, weiß ich nicht.

Berti sagt jetzt: „Brutus ist schon wieder frei herumgelaufen. Ich habe ihn gerade noch erwischt, sonst wäre es wahrscheinlich um unser Fohlen geschehen. Ich sage es jetzt das letzte Mal: Entweder Sie halten ihn in sicherer Verwahrung oder ich erstatte Anzeige. Hier leben Kinder! ... Das ist mir ganz gleich und Ihre Entschuldigungen können Sie sich sparen! Kommen Sie her und holen Sie Ihren verdammten Köter ab!"

Danach geht er zu Sammy, der sich hingelegt hat. Seine Flanken fliegen und er hechelt wie verrückt.

„Lass mal sehen, Sammy, wie schlimm es ist."

„Ach, das ist gar nichts", behauptet Sammy. „Ich bin doch viel zu wendig, er hat mich kaum erwischt. Aua, hier am Fuß zum Beispiel. Wuhu, und da am Bauch. Jaul, jetzt hör schon auf, Berti!"

Berti streichelt ihn und Sammy wedelt, leise winselnd.

„Es blutet zwar, aber es sind nur ein paar Risse", stellt unser Pfleger fest. „Das muss nicht mal genäht werden. Du hast großes Glück gehabt, Sammy. Ich werde es nur einsprühen. Da bin ich aber froh, was hätte ich sonst Lara sagen sollen?"

„Na, dass ich ein Held bin, beispielsweise!“, wafft Sammy.

Brutus sagt kein einziges Wort. Vielleicht kann er nicht sprechen. Er sitzt an der kurzen Kette und stiert vor sich hin.

Berti schaut jetzt nach mir. „Kleine Sunny, ist mit dir alles in Ordnung?“

„Natürlich!“, wiehere ich. „Sammy hat mich verteidigt! Und Basti und die anderen auch.“

Meine Freunde stehen alle noch aufgeregt am Zaun, sie schwitzen. Ich natürlich auch, aber nicht nur vor Aufregung, sondern auch wegen der Hitze, die noch immer herrscht.

„Wisst ihr, Brutus ist ein Sonderfall“, erklärt Berti uns. „Er hat es gut, wo er lebt, aber trotzdem bricht er immer wieder aus und hetzt alles, was ihm vor Augen kommt. So etwas kommt hin und wieder vor. Wir sind alle grundverschieden – Menschen wie Tiere. Ein Glück nur, dass ihr so einen Lärm gemacht habt und ich euch hören konnte. Ich musste bloß von ganz hinten herlaufen, deshalb hat es so lange gedauert.“

„Das macht nichts, Berti, es ist ja alles gut gegangen“, wiehere ich.

Was für ein aufregender Tag!

Doch damit nicht genug: Auf einmal kommt jemand Wohlbekanntes mit dem Fahrrad um die Ecke.

„Anja!“, rufe ich. „Anja, endlich bist du wieder da! Wenn du wüsstest, was passiert ist.“

Aber Berti erzählt es ihr natürlich sofort. Sie hält sich erschrocken die Hand vor den Mund, als sie das Blut an Sammy sieht und streichelt ihn.

Dann kommt Anja zu mir. „Nicht auszudenken, wenn dir was passiert wäre, Sunny.“

„Wo warst du denn so lange?“, frage ich und zupfe an ihrer Jacke. Das soll ich eigentlich nicht, aber nach so einer Aufregung darf ich das schon mal machen.

„Ich hatte eine ganz dumme Sommergrippe“, berichtet meine Freundin mir. „Mit Fieber und so, und Mama hat mich erst wieder hergelassen, als wirklich alles weg war. Hast du mich vermisst, Pferdchen?“

„Na klar! Und wie! Brutus ist kaum der richtige Ersatz für dich.“

Schlimme Freunde

Bis zum Ende des Sommers sind Anja und ich unzertrennlich. Ich habe Mama wieder gesehen und wir sind jetzt alle miteinander auf einer Koppel. Ich bin noch oft in Mamas Nähe, aber ich versuche nicht mehr bei ihr zu trinken. Da sie ohnehin nur ans Fressen denkt, spiele oder rangle ich lieber mit Speedy und Flocky.

Als es kühler wird, werden die Ausritte und Übungsstunden wieder auf den Nachmittag verlegt. Anja ist bei den Ausritten öfter dabei, sie sitzt auf Mama, und die beiden verstehen sich gut. Dann schaue ich immer traurig hinterher, weil ich allein zurückbleibe. Manchmal wiehere ich. Dann kommt Sammy und jagt mich auf der Koppel herum, um mich auf andere Gedanken zu bringen. Seine Wunden sind gut verheilt und seit Brutus' Angriff sind wir richtige Freunde geworden. Lili hat Sammy auch sehr gelobt für seinen Mut. Von Brutus haben wir nichts mehr gesehen oder gehört und darüber bin ich sehr froh.

Anjas und Marks Eltern sind jetzt auch öfter

auf dem Hof und verschwinden für längere Zeit mit Hans und Lara zu Gesprächen im Haupthaus. Danach bleiben sie meist noch, um etwas mit Mark zusammensein zu können.

„Fühlst du dich hier inzwischen wohler, Mark?“, fragt ihn seine Mama bei einem dieser Treffen. Sie sitzen in meiner Nähe auf einer Bank.

Mark hebt die Schultern. „Na ja, geht so. Man ist halt ständig unter Aufsicht. Nichts ist erlaubt, aber dafür alles verboten. Hans behauptet zwar, dass es nicht nur Strafen, sondern auch Belohnungen gibt, aber das habe ich bei ihm noch nie erlebt.“

„Jetzt übertreib mal nicht, nur weil er nicht einfach alles durchgehen lässt“, meint der Vater. „Das ist völlig in Ordnung.“

Mark funkelt ihn wütend an. „Du hast gut reden, du musst dich ja nicht von ihm bewachen lassen, oder?“

„Bitte“, unterbricht die Mutter. „Wir wollen doch nicht schon wieder so anfangen. Ich bin sicher, dass Hans es nur gut mit euch meint.“

„Mir geht er jedenfalls auf den Keks.“ Mark schaut sich um, ob noch jemand zuhört – aber da bin nur ich, und ich erzähle bestimmt nichts weiter. „Lara ist anders. Sie ist ganz in Ordnung, finde ich. Man kann mit ihr über vieles reden.“

Seine Mama streicht ihm übers Haar. „Ich finde, dass es dir gut tut, hier zu sein. Du bist viel ruhiger als früher, du kannst sogar mal still sitzen. Und wir streiten uns nicht dauernd. Ich halte das für einen großen Fortschritt, du nicht?"

Mark zuckt die Achseln. „Hmh", brummt er. „In zwei oder drei Jahren kann ich vielleicht sogar meinen Abschluss machen, wenn alles gut läuft."

„Das wäre toll", freut sich der Vater. „Du hast also schon Pläne gemacht?"

„Na ja, nur mal darüber nachgedacht, was anderes kann man hier eh kaum machen. Manchmal ist es hier schrecklich öde. Echt nichts los in dem Kaff."

„Hallo, Mark!" Anja kommt angelaufen. „Hast du Lust auf eine Vorführung? Lara will zeigen, wie weit die Voltigier-Gruppe ist!"

„Pfft", macht Mark. „Ich mach mich doch hier nicht zum Affen."

„Aber du bist doch so gut, sagt Lara."

„Die redet viel."

Typisch Mark. Wir sind inzwischen Freunde, aber nur dann, wenn niemand dabei ist. Und wenn Mark etwas tun soll, dann will er erst recht nicht. Ich merke, wie er schon wieder unruhig wird. Gleich wird er davonlaufen, um etwas angeblich Wichtiges zu erledigen.

Ich weiß nicht, ob er jemals freundlich zu Anja sein wird. Sie nimmt ihm das aber nie lange übel und gibt einfach nicht auf, sich um ihn zu kümmern.

„Irgendwann wird er das schon lassen", hat sie zu mir gesagt. „Wir sind nun mal eine Familie, und das muss er einsehen."

So geht der Sommer langsam in den Herbst über. Die Blätter werden bunt und fallen von den Bäumen. Bei jedem Schritt raschelt es unter den Hufen, und alles riecht würzig. Man kann jetzt im Wald zwischen den Bäumen hindurchgucken. Auf den Feldern sind die Bauern unterwegs mit ihren Stinktraktoren, die einen Höllenlärm machen. Das kenne ich aber alles schon und erschrecke kein bisschen beim Spazierengehen.

Die Sommerträgheit ist vorüber, die alte Geschäftigkeit ist in die Einrichtung zurückgekehrt. Berti ist von früh bis spät aktiv und Anja kommt fast jeden Nachmittag zum Helfen oder Reiten. Hans und Lara haben es schwer, die Kinder wieder zur Pflicht zu rufen – sie haben in der Schule Unterricht bis mittags, und am Nachmittag Therapie. Und sie müssen alle bei der Arbeit mithelfen und lernen rücksichtsvoll zu sein.

Das soll ich auch lernen. Also nicht einen Menschen mit dem Kopf anstoßen, an seiner

Kleidung knabbern oder in den Taschen wühlen. Und am Halfter soll ich ganz ruhig gehen und nicht herumzappeln. Ich werde sogar regelrecht vorgeführt. Lara zeigt, wie man mich richtig putzt und pflegt, wie meine einzelnen Knochen heißen und wie ein gesunder Huf aussehen soll.

„Sunny ist so 'n richtiges Vorführmodell", meint Pepe und die anderen kichern.

Eines Tages kommen fremde Jungs mit Fahrrädern auf den Hof. Es sind drei, ungefähr in Marks Alter. Sie haben helle bis braune Haare, aber alle dieselbe Wuschelfrisur, und sie sind fast gleich groß.

„Oh Mann", sagt einer von ihnen, als er absteigt, „noch weiter draußen kann das hier nicht sein, oder?"

„Damit auch wirklich keiner in Versuchung geführt wird", stimmt der Zweite zu.

„Wer von hier ausrückt, ist verhungert, bevor er die Stadt erreicht", grinst der Dritte. „Fast wie ein Gefängnis!"

Zufällig kommt Mark gerade aus dem Haus. Er wird ganz blass, als er die Jungs sieht.

„Was macht ihr denn hier?", sagt er und schaut sich erst mal nach allen Seiten um. „Seid ihr verrückt, einfach hier aufzutauchen?"

„Hey, Mann, entspann dich", ruft der Dritte.

„Früher hättest du einen Freudentanz aufgeführt, dass deine Freunde dich besuchen kommen."

Dann sind das also Marks Freunde? Die gefallen mir aber gar nicht. Sie haben ein Art, die mich nervös macht.

„Los!", zischt Mark. „Kommt mit!"

Er schlüpft unter dem Zaun durch und geht Richtung Heuschober. Da gehe ich aber mit, denn das will ich nicht versäumen. In gebührendem Abstand allerdings, damit ich keine nähere Bekanntschaft mit den Dreien machen muss.

Sie versammeln sich außer Sichtweite des Hofes beim Eingang des Stadels.

„Also, was willst du, Thorsten?", fragt Mark die Jungs. „Sven? Volker?"

„Nur mal nach dir sehen, was du so treibst", antwortet Thorsten und steckt einen Strohhalm in den Mund, auf dem er grinsend herumkaut. „Bist ja 'n richtiger Landjunge geworden, scheint's!"

„Hast du denn gar keine Sehnsucht nach uns?", sagt Sven, und Volker fährt fort: „Ich dachte, du hättest uns vermisst."

„Nein", erwidert Mark. „Hab ich nicht."

„Deshalb hast du nichts von dir hören lassen", stellt Thorsten fest. „Ein schöner Freund bist du."

„Wir sind keine Freunde mehr“, sagt Mark. Ich kann seine Furcht riechen. Er wünscht sich weit fort. Soll ich zu ihm hingehen und ihn trösten? Oder mische ich mich besser nicht ein?

„Ach ja? Seit wann?“, fragt Sven herausfordernd.

Mark schaut ihn an. „Seit ihr mich in die Pfanne gehauen habt“, antwortet er. „Wegen euch bin ich ja hier gelandet.“

„Hättest ja nicht zu bleiben brauchen.“

„Und wo hätte ich hingehen sollen?“

„Wir hätten schon einen Ausweg gefunden.“

„Ich hab am Anfang drüber nachgedacht.“ Mark fährt sich durch die Haare. „Aber ich wäre früher oder später sowieso wieder hier gelandet. Die machen keine halben Sachen.“

Thorsten setzt ihm den Finger an die Brust. „Und du machst das einfach so mit?“

„Mensch, ich hab keine Wahl!“, zischt Mark. „Natürlich mache ich mit. Ich bin der brave Junge, nur auf die Art komme ich hier so schnell wie möglich wieder raus.“

„Ich seh' das aber ganz anders“, behauptet Volker. „Die haben dich weichgekocht.“

„Die geben dir doch nicht etwa irgendwelche Pillen, oder?“, fragt Willi.

Mark schüttelt den Kopf. „Quatsch. Ich seh auch ohne so Zeug inzwischen ganz klar. Vor allem, dass ihr mich ausgenutzt und reingelegt habt."

Thorsten baut sich vor Mark auf. „Wie meinst 'n das, hä?", fragt er angriffslustig. Er erinnert mich fast ein bisschen an Brutus, wie er so da steht.

„Ich meine, dass ihr besser verschwinden solltet", fordert Mark seine ehemaligen Freunde auf. „Zwischen uns gibt es nichts mehr. Diese Zeiten sind einfach vorbei, ich mache nicht mehr mit."

„So einfach geht das nicht, Freundchen!", faucht Thorsten. „Bei uns kann nicht jeder nach Belieben ein- und aussteigen! Einmal dabei, immer dabei, klar? Hast du im Ernst gedacht, wir würden dich einfach so deinem Schicksal überlassen?"

„Ja, Mann, wir wollten dich hier rausholen!", sagt Sven vorwurfsvoll. „Das sind wir dir schuldig!"

„Wir bezahlen unsere Schulden nämlich!", fügt Volker hinzu. „Für uns zählt echte Freundschaft was!"

„Komm schon", sagt Thorsten plötzlich versöhnlich und schlägt Mark auf die Schultern. „Das bist doch gar nicht du, der da spricht. Die haben irgendeine Gehirnwäsche mit dir veranstaltet und dich mit angeblich weisen Sprüchen vollgestopft, da muss dir das Gehirn doch langsam matschig werden. Komm mit, wieder mal ein bisschen Spaß haben!"

Mark zögert. „Nein."

„Aber vermisst du die Stadt nicht ein kleines bisschen?"

Mark schließt die Augen. „Jeden Tag", flüstert er.

„Das ist der Mark, den ich kenne!", ruft Thorsten glücklich. „Dann schwing dich aufs Rad, und nix wie weg hier."

Sie gehen los, mit Mark in der Mitte, und reden ununterbrochen auf ihn ein.

Als sie an mir vorbeikommen, wiehere ich. „Mark! Tu das nicht!" Langsam gehe ich auf ihn zu.

Sie bleiben alle stehen. Dann ruft Sven: „Hey, hau ab, blödes Vieh! Kscht!" Er wedelt mit den Armen, wie Mark es früher getan hat.

Ich scheue und zucke zurück, aber ich weiche keine Hufbreite. Mark lasse ich jetzt nicht im Stich.

„Mark, du bist doch mein Freund!", wiehere ich. „Du bist nicht wie die! Bleib hier! Anja wäre furchtbar traurig! Und deine Eltern erst."

Da bückt Volker sich – und wirft einen Stein nach mir. Er verfehlt meinen Kopf nur knapp, und jetzt springe ich doch zurück, will fliehen … aber dann kehre ich wieder um. „Mark, bitte!"

„Hast du noch nicht genug, du kleiner Stinker?“, ruft Volker und hebt die Hand.

Doch bevor er den Stein werfen kann, hält Mark ihn fest. „Hör auf damit! Sunny hat dir nichts getan!“

Seine so genannten Freunde lachen. „Er weiß den Namen von dem Klepper! Wie rührend! Singst du ihm abends auch ein Wiegenlied vor?“

Volker unternimmt einen erneuten Anlauf, aber Mark verdreht ihm den Arm und der Stein fällt zu Boden. „Ich hab gesagt, du sollst aufhören!“

„Mann, was ist los mit dir?“, keift Thorsten. „Hast du ’nen Sprung in der Schüssel? Was kümmert dich dieses Vieh?“

„Ich sag’s jetzt zum letzten Mal“, Marks Stimme nimmt einen drohenden Tonfall an, „verschwindet und lasst mich in Ruhe!“

Einen Moment lang ist es still. Dann hebt Thorsten die Hand. „Also schön, du Null, dann gehen wir eben. Aber wir sehen uns wieder, verlass dich drauf.“

Er geht als Erster, gefolgt von Sven. Volker zischt Mark im Vorbeigehen zu: „Das wirst du bereuen.“

Ich laufe mit, um zu sehen, ob sie auch wirklich verschwinden. Sie nehmen ihre Fahrräder und radeln davon – ein Glück. Erleichtert tappe ich zu Mark, der langsam, mit den Händen in den Hosentaschen daherstapft. Ich stupse ihn leicht mit der Nase an und blase ihm ins Ohr. „Bin ich froh, dass die weg sind! Das hast du gut gemacht, Mark."

Er krault abwesend meine Stirn. „Weißt du, Sunny, mit denen bin ich früher rumgezogen und – hab ganz schön viel Scheiß gebaut. Eigentlich mag ich sie echt, aber wenn sie dann Steine nach dir werfen – das ist wirklich das Letzte."

Der Verdacht

Den Besuch der Jungs hab ich bald wieder vergessen. Ich bin viel zu beschäftigt mit dem Herbst. Die Temperaturen sinken immer weiter, worüber ich sehr froh bin. Ich habe viel mehr Lust mich zu bewegen und es gibt auch viel Abwechslung. Die Kinder aus der Einrichtung sammeln bunte Blätter und Kastanien. Lili klettert oft auf meinem Rücken und kuschelt sich an mich. Ich habe nämlich ein kräftiges Winterfell, und da fühlt sich diese kleine Katze wohl wie ein Vogel in seinem Nest. Jetzt ist mein Fell also nicht mehr glatt und glänzend, dafür aber plüschig dick, sodass ich größer aussehe, als ich tatsächlich bin. Da ich meistens draußen rumlaufe, bin ich gut abgehärtet und werde auch bei tiefsten Temperaturen sicher nicht frieren, denn ich habe eine gute innere Heizung und ein isolierendes Fell.

Gretel hat mir erzählt, dass der Winter auf den Herbst folgt – mit Kälte und Schnee. So recht kann ich mir das noch nicht vorstellen, aber ich bin jedenfalls darauf gespannt.

Anja hat eine rote Nase, wenn sie nach der Schule angeradelt kommt, und sie trägt Handschuhe. „Komm, Sunny, wärmen!", ruft sie. Dann schmiegt sie sich eng an mich und bald hört sie auf zu frieren. „Weißt du, jetzt wäre es toll, wenn ich mich ohne Sattel auf dich setzen könnte", murmelt sie. „Das ist kuschlig warm und gemütlich."

„Das findet Lili auch", antworte ich.

„Aber du bist noch zu klein", fährt Anja fort. „Wir fangen damit erst an, wenn du drei Jahre bist – ganz langsam. Solange du wächst, darf man sowieso nicht viel reiten. Aber es wird dir Spaß machen, das kann ich dir jetzt schon versprechen. Wir fangen mit der Longe an, damit du die Befehle lernst. Und dann legen wir dir den Sattel auf … und irgendwann sitze ich dann oben. Mich Fliegengewicht wirst du kaum spüren. Dann lernen wir gemeinsam Schritt, Trab und Galopp. Und im Nu wirst du so gut sein wie Susa und bei den Ausritten dabei sein dürfen."

„Was du nicht sagst!" Na, sie kann mir viel erzählen. Bis morgen habe ich das alles schon wieder vergessen. Menschen können sich viele Gedanken machen und planen immer alles, aber das ist nicht nach Pferdegeschmack. Wir kennen unsere Futterzeiten und merken genau, wenn es an die Arbeit geht. Dazu haben wir nicht immer Lust, aber wir Hafis sind ja brav und machen trotzdem mit. Und einmal Gelerntes vergessen wir nicht mehr. Wir probieren natürlich aus, ob wir das nicht ändern und unseren Kopf durchsetzen können. Aber wenn das nicht funktioniert, tun wir das, was uns beigebracht wurde. Das genügt an Gedanken, finde ich – soll sich der Mensch doch sein kleines Köpfchen über viel mehr Dinge zerbrechen, wenn er es unbedingt will.

Mir ist sowieso aufgefallen, dass Menschen es sich gern schwer machen. Unter uns Pferden gibt's natürlich auch mal Ärger. Ohren anlegen, Hintern hindrehen, um nach hinten auszuschlagen, ein kurzer Schnapper. Wenn's richtig heiß wird, steigen wir und schlagen auch noch mit den Vorderhufen zu. Aber das gehört zum Herdenleben dazu. Jeder muss lernen, wo sein Platz ist. Wenn wir genug Platz auf der Weide haben, sind diese Rangkämpfe schnell ausgefochten, und Unterlegene oder Schüchterne können sich ein wenig absondern, um den anderen nicht im Weg zu sein. Wie Menschen auch brauchen wir Gesellschaft und so finden wir immer einen Weg, friedlich miteinander zu leben.

Ganz anders als bei den Kindern hier. Sie streiten sich um ihre Sachen, um Essen, um alles Mögliche andere Zeugs. Manchmal hauen sie sich auch. Dann gehen Hans und Lara dazwischen. Sie kriegen jeden Streit in den Griff und eine Weile herrscht Ruhe – bis zum nächsten.

Ja, und jetzt ist es wieder mal so weit. Die Kinder sind im Hof. Sie genießen die letzten warmen Sonnenstrahlen, essen was, unterhalten sich oder spielen Fußball. Da ist Mark immer vorneweg und meistens hat er den Ball.

Doch da kommt Pepe aus dem Wohnhaus gelaufen, und er ist total empört.

„Wer hat meine Uhr geklaut? Los, sagt es!"

Lara, die neben Hans auf einer Bank sitzt und in einem Buch liest, schaut auf. „Was ist denn los?"

„Ein gemeiner Dieb, das ist los", beschwert sich Pepe. Er schnappt nach Luft. Obwohl er sich hier viel bewegt, ist er noch ein bisschen runder geworden. „Meine Uhr ist weg!"

„Hast du sie vielleicht verlegt?", forscht Lara.

„Oder im Waschraum vergessen?", überlegt Hans.

„Nein, ich hab sie nicht verschlampt, sie ist geklaut worden. Sie lag auf dem Nachttisch, und jetzt ist sie weg", schreit Pepe.

„Wirst sie schon aus Versehen ins Klo geschmissen haben!", verhöhnt Mark ihn. „Da schmeißt du doch gern deine Sachen rein, nicht wahr?"

Pepe kneift die Augen zusammen. „Wahrscheinlich warst du's", geht er zum Gegenangriff über. „Du schleichst oft genug allein in unseren Zimmern rum, das weiß ich genau."

„Red keinen Stuss", weist Mark den Vorwurf zurück. „Was sollte ich mit deiner Uhr?"

„Na verkloppen, was sonst? Du bist doch ständig auf der Suche nach Kohle! Und du hast mitgekriegt, dass die Uhr von meinem Vater ist und ziemlich wertvoll. Hast sie ja gar nicht mehr aus deinen Griffeln legen wollen."

„Du spinnst doch", schnappt Mark.

„Ich hab dich aber gesehen, wie du allein aus dem Haus gekommen bist und was in der Hand gehalten hast", meldet sich plötzlich Tom zu Wort. Sonst hat er immer Streit mit Pepe, aber wenn es gegen Mark geht, halten sie zusammen. „Als ich dich gefragt hab, was du da hast, hast du's ganz schnell versteckt und bist rot geworden."

Ein aufgeregtes Geschnatter geht los. Hans und Lara stehen beide gleichzeitig auf.

„Ruhe!", befiehlt Hans.

Lara wendet sich an Pepe: „Wann genau hast du deine Uhr das letzte Mal gesehen?"

„Na, heut Morgen, bevor wir zum Heuschichten gegangen sind", antwortet Pepe. „Ich leg sie immer ab und jetzt wollte ich sie mir holen. Wo hast du sie hingetan, hä?“, faucht er Mark an.

„Zum letzten Mal: Ich hab deine blöde Uhr nicht“, zischt Mark zurück.

„Mark, was hattest du im Haus zu suchen?“, will Hans wissen.

Mark starrt ihn wütend an. „Ich wohne hier, vergessen?“

„Mark, ich habe dir eine normale Frage gestellt, also gib mir auch eine normale Antwort.“

„Nichts hab ich da gemacht.“

„Dann hast du also nichts in der Hand gehabt, als du rausgekommen bist?“, wirft Tom ein.

„Das ist meine Sache.“ Mark verschränkt die Arme vor der Brust.

„Gib meine Uhr zurück.“ Pepe will sich auf ihn stürzen, aber Lara geht dazwischen.

„Sofort Ruhe jetzt! Pepe, solange du keine Beweise hast, unterlässt du diese Anschuldigungen. Und du, Mark, spiel nicht den Verstockten. Das bringt doch nichts.“

Aber Mark ist eingeschnappt. „Lasst mich doch in Ruhe“, knurrt er und läuft ins Haus.

„Das müssen wir später klären“, sagt Hans. „Du gibst auch Ruhe, Pepe, und maulst nicht vor dich hin. Wir werden deine Uhr schon wieder finden.“

Eine Weile lässt Mark sich nicht mehr blicken. Seine schlechte Laune hat sich wohl aufs Wetter übertragen, denn auf einmal ist der Himmel grau und düster, und es wird ziemlich kühl. Wenn ich ausatme, puste ich kleine Dampfwölkchen in die Luft.

Lara, die ins Haus gegangen ist, kommt mit einem ratlosen Gesicht wieder heraus.

„Mark hat das Zimmer abgeschlossen und weigert sich herauszukommen."

Pepe keift die ganze Zeit herum, dass er seine Uhr wiederhaben will, und Hans überlegt Marks Eltern anzurufen. In diesen Tumult kommt Anja. Als sie hört, was passiert ist, ergreift sie sofort für ihren Bruder Partei.

„Mark war das nie im Leben! Er ist kein Dieb."

„Ja, nimm dein Brüderlein nur in Schutz", schimpft Pepe sie aus. „Aber ein Dieb ist er trotzdem."

„Nur, weil er sich komisch benimmt, ist er noch lange kein Dieb", verteidigt Anja Mark weiter.

„So, und wie war das in der Stadt, wo Mark mit den anderen herumgezogen ist?" Pepe setzt ein böses Grinsen auf. „Wahrscheinlich sind deswegen seine Freunde hier gewesen!"

„Wessen Freunde?", fragt Anja verdutzt.

„Na, Marks! Ich hab sie auf ihren Fahrrädern

ankommen sehen. Sie sind Richtung Stadel verschwunden. Ganz sicher haben sie irgendwas ausgeheckt."

„Das glaubst du doch selbst nicht", ruft Anja wütend.

„Das reicht", geht Hans dazwischen. „Das Essen ist fertig, also macht das ihr reinkommt."

Sunny löst den Fall

„Komm, Sunny“, sagt Anja zu mir. „Wir suchen nach der Uhr.“

„Sollten wir nicht lieber den Dieb suchen?“, frage ich. „Der hat die Uhr doch sicher bei sich – und dann wissen wir, dass Mark unschuldig ist!“ Ich könnte ja Sammy um Hilfe bitten, seine Witterung ist besser als meine.

„Es gibt viele Plätze, an denen man eine Uhr verstecken kann“, überlegt Anja laut. „Aber ich finde, wir sollten alle Orte aufsuchen, wo Pepe heute war. In seinem Zimmer war die Uhr nicht, aber vielleicht finden wir ja beim Heuschober einen Hinweis.“

Wir gehen gemeinsam Richtung Stadel. Dann legt Anja mir das Halfter um und führt mich, damit ich nicht wieder Chaos veranstalte. Ganz wohl ist mir bei der Sache aber trotzdem nicht und ich schiele immer wieder zu den Heustapeln hoch. Ich muss mächtig vorsichtig sein, aber draußen warten will ich auch nicht – sondern den Dieb fangen. Wahrscheinlich hat er sich hier versteckt, so wie Mark das letzte Mal. Ich werde ihn schon finden.

Irgendwann kommt Berti und fragt Anja, wonach sie sucht.

„Nach Pepes Uhr“, sagt sie. In ihrem Haar stecken eine Menge Strohhalme, das sieht lustig aus. „Er behauptet, dass Mark sie gestohlen hat, aber das glaube ich nicht.“

„Und warum bist du dann hier?“

„Heute früh waren doch alle beim Heuschichten hier. Vielleicht hat Pepe seine Uhr doch nicht abgelegt und sie hier verloren. Wäre doch möglich!“

„Ja, da hast du Recht. Ich helfe dir.“

Gemeinsam drehen wir jetzt jeden Strohhalm um. Berti kann sich zum Glück ziemlich genau erinnern, wie die Sache heute früh abgelaufen ist.

Ich schnuppere überall herum, zupfe hier an einem Strohhalm, oder reiße dort ein Stückchen lockeres Heu aus.

„Sunny, du sollst suchen, nicht fressen!“, ermahnt Anja mich.

„Hör mal, das regt meine Denkfähigkeit an“, verteidige ich mich. Vor allem kann ich diesem leckeren Duft nicht widerstehen.

Jeden einzelnen Ballen suche ich ab, auf den Berti vorhin gedeutet hat. Sie suchen unten, ich recke den Hals nach oben und streiche mit der Schnauze die Ränder entlang. Oh, da steht wieder ein Heufitzel hervor, das sieht unordentlich aus. Ich ziehe und zupfe, doch es ist ziemlich hartnäckig. Da hängt doch irgendwas dran.

„Wieha“, mache ich. „Anja, was ist das? Ich krieg mein Heu nicht los.“

Berti schaut auf. Sein Kopf ist inzwischen schon genauso heu- und strohbedeckt wie Anjas. „Sunny, was machst du denn da? Frechdachs!“ Er fummelt an dem Heu herum und schiebt meine Nase weg. Plötzlich stutzt er. „Sieh mal, was ich hier habe!“ Triumphierend hält er die Uhr hoch!

Und ich hab sie gefunden. Hoffentlich bekomm ich dafür was.

„Ich wusste es“, jubelt Anja glücklich. „Mark ist unschuldig.“

„Sie hat sich in der Heuschnur verfangen, da ist wohl der Verschluss aufgeschnappt, ohne dass Pepe es gemerkt hat. Hier, bring du die Uhr zurück, schließlich war die Suche deine Idee.“

Das lässt Anja sich nicht zweimal sagen, wir traben um die Wette zurück, und sie ruft nach Mark. „Komm raus! Ich hab Pepes Uhr! Sunny hat sie gefunden.“

Die anderen, die gerade vom Essen rauskommen, staunen nicht schlecht, als sie voller Stolz die Uhr hochhält und dazu die Geschichte erzählt.

Pepe nimmt die Uhr an sich und ich kann sehen, wie kleinlaut er ist.

„Na, da ist jetzt wohl eine Entschuldigung fällig", meint Lara lächelnd.

Mark ist inzwischen aufgetaucht, macht aber ein mürrisches Gesicht.

Pepe wäre aber nicht Pepe, wenn er nicht noch einen draufsetzen müsste. Anstatt sich zu entschuldigen, schnattert er: „Das erklärt aber immer noch nicht, was er vor Tom versteckt hat. Und wieso seine Kumpels hier waren."

Lara wendet sich Mark zu. „Das wollte ich dich auch fragen, Mark. Warum hast du uns das nicht erzählt?"

„Das ist meine Sache. Das geht niemanden was an." Das ist typisch Mark: nie mit der Sprache herausrücken.

„Was wollten sie?", will Lara jetzt wissen.

Mark zuckt die Achseln. „Nichts. Ich hab sie weggeschickt."

„Mark, warum verschweigst du uns das, als wenn du was angestellt hättest?", seufzt Lara.

„Das ist eigentlich ein Grund für eine Belohnung", fügt Hans hinzu.

„Quatsch, bei mir denkt doch jeder nur, dass ich ständig Mist mache, egal, was es ist. – Hier, das hab ich in der Hand gehalten, als ich aus dem Haus kam. Mir ist das Foto von meinem letzten Weihnachten zu Hause runtergeknallt und der Rahmen ist hin. Ich wollte Berti bitten, dass er mir einen neuen in der richtigen Größe mitbringt, wenn er am Wochenende in die Stadt fährt. Tom, der Depp, hätt sich nur drüber lustig gemacht, deshalb hab ich's versteckt."

Lara legt eine Hand auf seinen Arm. „Peinlich sind diejenigen, die sich drüber lustig machen, wenn einem etwas wichtig ist. Es ist doch kein Zeichen von Schwäche, wenn man seine Familie gern hat."

„Na, dann ist ja alles in Butter", ruft Pepe und will verschwinden.

„Moment", pfeift Hans ihn zurück. „Hast du nicht was vergessen?"

„Mhhmmm … was denn?"

„Deine Entschuldigung bei Mark. Und ich will eine richtige Entschuldigung hören, kein halbherziges Gemurmle, verstanden?"

Die anderen kichern hinter vorgehaltener Hand, als Pepe ein verlegenes Gesicht macht und sich windet. Aber ich finde, Hans hat Recht. Mark hat überhaupt nichts getan, aber Pepe hat ihn als den schlimmsten Verbrecher hingestellt!

Anja strahlt übers ganze Gesicht. Sie hat Mark helfen können, und es ist alles glimpflich ausgegangen. Ihr Bruder weiß das sogar zu schätzen. Er kommt zu uns, als wir allein sind, und würgt ein „Danke“ heraus.

„War doch keine Sache“, meint Anja fröhlich, und ich stimme ihr zu. Mark gibt mir ein Leckerli, das ist Anerkennung genug. Dann schaut meine Freundin verdutzt zum Himmel hoch.

Ich gucke auch. Auf einmal rieselt nämlich da so Zeugs runter, das hab ich noch nie gesehen. Es ist weiß und kalt, das spüre ich auf meinen Nüstern. Zuerst vereinzelt, aber es wird rasch immer dichter, bis man plötzlich fast nichts mehr sieht vor lauter Weiß.

„Schnee!“, jubelt Anja. „Sieh doch, der erste Schnee. Es ist Winter.“ Mit herausgestreckter Zunge springt sie herum und jauchzt.

Mark schüttelt den Kopf. „Typisch kleine Schwester“, bemerkt er. Aber ich glaube, so ernst meint er das nicht, denn er macht ein ziemlich erleichtertes Gesicht.

Die wilde Jagd

Der Winter ist ja so toll! Der Boden ist nicht mehr matschig, sondern hart und trocken, und darauf liegt eine weiche Schneeschicht. Zu galoppieren und mit den Hufen Schneewolken aufzuwirbeln, ist das Größte. Ich renne auf der ganzen Koppel herum und hinterlasse überall meine Spuren. Ah, und sich im Schnee zu wälzen, der so weich ist; so muss Lili sich fühlen, wenn sie auf mir sitzt. Ich grunze und schnaufe, und wenn ich aufstehe und mich schüttle, geht ein wahrer Schneeregen von mir nieder.

Mama und die anderen genießen den Schnee auch, sie laufen sogar mit mir um die Wette und spielen. Weil es kaum noch Gras gibt, bewegen sie sich lieber.

Ich kann es kaum erwarten, mit Anja spazieren gehen zu dürfen. Der Wald ist dick eingepackt, „wie in Watte“, sagt Anja, und wenn man versehentlich an einen Ast stößt, kracht eine ganze Schneeladung auf einen runter. Es ist jetzt ziemlich still im Wald. Nur ganz selten piepst ein Vogel. Einmal hält Anja abrupt an und späht angestrengt zwischen den Bäumen hindurch. Da stehen fremde Tiere, die habe ich noch nie gesehen. Sie sind etwas kleiner als ich, schlank und braun, und eines hat so was wie Hörner auf dem Kopf, aber gegabelt.

„Rehe“, flüstert Anja aufgeregt. „Psst, sei ganz still, Sunny, damit sie nicht weglaufen!“

Ich würde mich aber gern mit ihnen unterhalten. „Können wir nicht hingehen und reden?“

Doch da springen sie schon davon. Sie sind wirklich sehr scheu.

Manchmal sehen wir auch einen großen Hasen übers Feld hoppeln. Hin und wieder bleibt er sitzen und erhebt sich auf die Hinterbeine. Seine riesigen Löffelohren drehen sich in alle Richtungen. Dann hoppelt er gemütlich weiter. Die Tiere, die wir am häufigsten sehen, sind die schwarzen Krähvögel, die sich auf den Feldern wichtig machen.

Eines Tages lässt uns Berti in aller Frühe raus auf die Koppeln, als die anderen alle noch in ihren Betten liegen. „Ich muss heute früher weg“, erklärt er uns. „Sobald ihr aufgefressen habt, lasse ich euch raus, und dann bin ich weg.“

Das ist uns recht, was sollen wir in den langweiligen Boxen? Zugegeben, wenn es schüttet, ziehen wir den trockenen Unterstand vor. Aber bei so einem herrlichen Winterwetter wollen wir nichts wie raus.

Es ist ganz ungewohnt, noch nicht mal richtig hell, und alles ist still und friedlich. Heute ist Samstag und Besuchstag, da schlafen alle länger. Ich bin mal gespannt, ob Marks und Anjas Eltern mit uns spazieren gehen, anstatt auf einen Ausflug wegzufahren.

Hm? Da tut sich doch was auf der Straße. Kommt etwa schon der erste Besuch? Das ist doch viel zu früh …

Oh, es sind drei Räder, und sie werden draußen abgestellt. Dann schleichen drei Gestalten herein. Das sind doch Thorsten, Sven und Volker. Was haben die hier zu suchen? Gutes haben die sicher nicht im Sinn, so wie sie herumschleichen.

„Speedy, was hältst du davon?“, frage ich meinen Freund. Wir stehen nebeneinander am Zaun und gucken.

„Weiß nicht“, sagt Speedy. „Vielleicht bringen sie uns Leckerlis?“

„Glaub ich nicht.“

„Menschenskind, uns so früh rauszujagen“, flüstert Sven Thorsten zu. „Und das am Samstag. Hoffentlich lohnt sich das auch.“

„Na klar, du wirst sehen. Das wird ein Riesenspaß“, behauptet Thorsten. Was hat er nur vor?

Sie kommen zu uns herüber. Na, da gehe ich mal lieber auf sicheren Abstand. Nicht, dass Volker wieder mit einem Stein wirft, das hab ich nämlich nicht vergessen. Dann öffnet Thorsten das Gatter – sperrangelweit! Das hab ich noch nie erlebt.

Mama und Basti haben das auch gemerkt und stehen mit gespitzten Ohren da.

„Los!", zischt Volker und wedelt mit den Armen. „Raus mit euch."

Hm? Was wollen die nur von uns?

Basti setzt sich langsam in Bewegung. „Sind die dumm, oder was?", wiehert er. „So fängt man doch keine Pferde."

Da sehe ich, wie Mark einen Kopf durchs Fenster steckt. „Hey, was macht ihr da? Spinnt ihr?"

„Komm runter, Mark", ruft Thorsten. „Das wird lustig. Wir veranstalten eine Pferde-Treibjagd."

„Ihr könnt sie nicht rauslassen, das ist viel zu gefährlich", ruft Mark. „Wenn sie zur Hauptstraße laufen, können sie überfahren werden." Sein Kopf verschwindet und gleich darauf kommt er zur Tür rausgerannt.

Er stürzt sich auf Volker, der Schneebälle geformt hat und nach uns wirft, und packt ihn am Kragen. „Ich hab dir schon mal gesagt, du sollst die Pferde nicht quälen."

„Lass mich los!", ruft Volker wütend. „Und ich hab dir gesagt, dass wir noch nicht miteinander fertig sind, wir zwei. Pass bloß auf."

„Achtung, Basti!", wiehere ich, doch zu spät. Sven hat sich an ihn herangeschlichen und haut ihm mit aller Kraft auf das Hinterteil. „Hüa!", schreit er. „Los, los!" Er reißt die Arme hoch und springt wie ein Verrückter herum.

„Wiii", stößt Basti aus – und fegt los, schnurstracks durch das offene Gatter.

Und das reißt uns mit. Basti ist so was wie der Anführer, und im Moment der Gefahr folgen wir ihm alle blind. Schneestaub aufwirbelnd donnern wir über den Hof und raus Richtung Straße.

„Mark! Was ist hier los?", höre ich Laras Stimme weit hinter mir.

„Die Pferde", ruft Mark. „Wir müssen sie einfangen."

Und dann sind wir auch schon über alle Hügel.

Basti zieht eine schnurgerade Spur, bis der Schnee in einer Senke ziemlich tief wird. Dort hält er an und fängt an zu scharren. „Hier gibt's bestimmt noch gutes Gras", ruft er uns zu. Alle beginnen im Schnee zu scharren, aber ich schaue mich immer wieder nach Mark um. Wann er uns wohl findet?

Nach einer Weile sehe ich die drei Stadtjungs

über einen Hügel davonradeln. Dann kommen Mark und Lara mit Halftern und Führseilen angekeucht.

„Da sind sie. Gott sei Dank", höre ich Laras helle Stimme.

Basti dreht den Kopf.

„Ach nee, noch nicht", beschwert er sich. Er geht in die andere Richtung.

„Sunny", ruft Mark nach mir. „Sunny, schau mal her."

Ich gucke. Ist das eine Möhre in seiner Hand? Die ist allemal besser als altes Gras.

„Basti, schau doch mal! Die haben Möhren dabei."

„Möhren? Wo?" Wolkes Kopf fährt herum.

„Kommt, wir gehen weiter", wiehert Basti.

„Aber ...", fängt Wolke an.

„Schau, Wolke", lockt Lara und winkt mit der Möhre. „Und Basti, für dich habe ich auch eine."

Basti bleibt stehen und dreht den Kopf. Wir anderen warten erwartungsvoll; selbst Mama ist ihm nur halbherzig und zögernd gefolgt. Mark ist fast bei mir, da kann ich nicht widerstehen. Ich stiefle zu ihm hin und nehme ein kleines Stück Möhre.

„Schmeckt guuut", stöhne ich genussvoll.

„Wirklich?" Basti verharrt, als Lara auf ihn zukommt. Wolke drängt sich dazwischen, um seinen Anteil abzukriegen. Das wollen die anderen sich nicht bieten lassen und kommen auch näher.

„Also gut, ihr habt gewonnen. Auf der Koppel kann man sowieso besser laufen.“ Basti nimmt die Möhre an und lässt sich das Halfter umlegen. Willig geht er mit Lara.

Mark streift mir das Halfter über. „Damit dir nichts passiert, Sunny“, sagt er und tätschelt meine Nase. „Du würdest es noch fertigbringen, zur Straße zu rennen und überfahren zu werden.“

Der Rückweg dauert erheblich länger, weil Mark und Lara so langsam sind. Aber wir gehen alle mit und sind eigentlich ganz froh, als sich das Gatter wieder hinter uns schließt. Daheim ist es doch am besten. Zur Belohnung bekommen wir alle einen Sack Möhren in den Trog und jeder kriegt seinen Teil ab.

Inzwischen sind auch die anderen wach geworden und lassen sich berichten. Hans geht zu Mark, der nicht gerade ein begeistertes Gesicht macht.

„Und? Bekomme ich jetzt Ärger?“, fragt er herausfordernd.

Aber Hans lächelt, wirklich, das kann er! „Wieso? Du hast doch nichts getan.“

„Nichts? Ehrlich?“

„Außer natürlich …“

„Aha, ich wusste es ja.“ Mark zieht die Schultern hoch.

„Rechtzeitig zu merken, was hier los ist, und die Pferde wieder einzufangen“, vollendet Hans den Satz und klopft Mark auf die Schulter. „Mark, das war klasse, den Pferden hätte wer weiß was passieren können. Dafür hast du dir eine Belohnung verdient. Wenn du es willst, rufe ich deine Eltern an und sage ihnen, dass du das ganze Wochenende über bei ihnen zu Hause sein darfst.“

Da fängt Mark an zu strahlen! Genau wie Anja. Mein Herz macht unwillkürlich einen Satz.

„Ja, gerne“, antwortet er. „Danke, Hans.“

„Du hast es dir verdient.“ Hans schmunzelt. „Ich hoffe, jetzt verstehst du meine ewigen Litaneien ein bisschen besser.“

Winterfreuden

Seitdem Mark an den Wochenenden nach Hause darf, bin ich an diesen Tagen viel allein. Aber unter der Woche kommt Anja nach wie vor fast jeden Tag und kümmert sich um uns. Leider darf ich immer noch nicht auf die Ausritte mit und so langsam wünsche ich mir doch größer zu sein. Mama macht nämlich immer einen sehr zufriedenen Eindruck, wenn sie nach dem Ausritt oder der Reitstunde auf dem Platz zurück auf die Koppel kommt.

„Ich mag diese Abwechslung gern, da werde ich richtig gefordert“, erklärt sie mir. „Immer nur herumstehen ist doch langweilig.“

Andererseits ist es auch schön, noch nicht arbeiten zu müssen und Zeit für andere Sachen zu haben.

„O nein, Sunny! Was hast du jetzt wieder angestellt!“, stöhnt Berti.

„Nichts, wieso? Ich hab nur was gelernt!“, strahle ich.

Ich hab nämlich herausgekriegt, wie man die Boxentür aufmacht. Da staunt Berti nicht schlecht, als er mich quietschvergnügt in der

Stallgasse findet, während ich alle Halfter von den Haken abmontiere und spazieren trage.

„Na warte, dir werd ich helfen."

„Was tust du denn da?"

Entsetzt sehe ich, dass Berti ein festes Schloss an meine Boxentür montiert. Jetzt kann ich nicht mehr einfach spazieren gehen. „Schade, Berti. Hat so viel Spaß gemacht."

Aber auch auf der Koppel gibt es genug zu tun. Vor allem ist es ein Heidenspaß, Anja mit dem Halfter hinter mir herhecheln zu lassen! Natürlich lauf ich nicht wirklich vor ihr weg, ich finde es nur lustig, ihr immer wieder auszuweichen. Wenn ich dann genug habe, gehe ich natürlich zu ihr und schmuse, während sie das Halfter anlegt.

Irgendwann stellt Hans einen großen Tannenbaum in die Mitte des Hofes und montiert kleine Lichter, die Tag und Nacht brennen. Das sieht schön aus, finde ich. Und an einem Wochenende kommen alle Eltern und dann machen sie ein Feuer und sitzen auf Bänken drumrum, dick in Wintersachen eingemummt, und singen gemeinsam Lieder. Basti und Wolke bekommen Mützen mit Geweihen auf den Kopf verpasst und dann werden sie vor eine Kutsche gespannt. Glöckchen klingeln, wenn sie lostraben, und es sieht sehr lustig aus. Ich laufe in der Koppel immer mit, so weit es geht.

Irgendwie haben alle prima Laune. Die Kinder tuscheln oft untereinander, und Anja erzählt mir, dass sie Weihnachtsgeschenke basteln und ausmachen, wer was bekommen soll. Weihnachten ist nämlich ein ziemlich wichtiges Fest bei den Menschen und zudem ist danach das Jahr um.

In dieser Zeit werden auch wir Pferde besonders verwöhnt, selbst Berti lässt uns hin und wieder eine besondere Leckerei zukommen.

Ich erlebe viele stürmische Tage mit viel Schnee, abwechselnd mit Sonne und Galoppieren auf der tief verschneiten Koppel. Die meiste Zeit aber haben wir nichts zu tun und es gibt auch keine Abenteuer. Niemand stört uns, weder Brutus noch Marks so genannte Freunde. Die Tage sind oft langweilig. Es scheint so, als ob alles im tiefsten Winterschlaf liegt.

Aber irgendwann lässt der Schneefall allmählich nach. Es ist kalt, aber sobald die Sonne durchkommt, merke ich zum ersten Mal wieder, dass sie wärmt.

„Na endlich", ruft Berti eines Tages glücklich, als er in den Stall kommt. „Es taut!"

Das stimmt. An den Fenstern wachsen keine Eisblumen mehr, und wenn die Sonne hervorkommt, wird es angenehm warm.

„Mann, was für eine Matsche“, seufzt Anja. Sie versinkt bis zu den Knöcheln im Schlamm auf der Koppel, wenn sie uns holt. Uns macht das Herumstapfen auch nicht allzu viel Spaß, weil der Boden unsere Hufe einzusaugen scheint.

Nach ein paar Tagen fängt mein Fell an zu jucken und büschelweise auszugehen. Ich werde gar nicht fertig, mich an Bäumen zu schubbern, um die lästigen Haare loszuwerden. Anja und Berti haben stundenlang zu tun, uns zu bürsten, was eine Wohltat ist. Mit all der Wolle, die danach herumliegt, könnte man wahrscheinlich ein weiches Bett stopfen.

Nachdem der Schnee weg ist, setzt der Regen ein. Das ist eklig, wir können jetzt erst recht nicht raus und langweilen uns noch mehr im Stall. Es gibt überhaupt keine Abwechslung, weil bei dem Wetter auch die Menschen zu nichts Lust haben.

„Na, Sunny, jetzt bist du fast ein Jahr alt“, sagt Mama eines Tages zu mir. „Groß und hübsch bist du geworden! Allerdings war das Wetter besser, ich weiß es genau. Bis zu deiner Geburt war ich draußen auf der Koppel.“

„Ich wünschte, es wäre wieder so“, klage ich. Aber bald ist es so weit und wir rennen auf die Koppel, buckelnd und ausschlagend, und wälzen uns, dass der Schlamm nur so spritzt.

„Ihr seht aus wie panierte Schnitzel“, beschwert sich Berti über unseren Anblick. „Wie soll ich den Dreck nur je wieder aus dem Fell bekommen?“

„Aber es macht so einen Spaß“, wiehere ich.

Tag für Tag geht es aufwärts, es bleibt immer länger hell, und die Vögel stimmen ihre Lieder an. Lili sehe ich kaum noch und Sammy kaspert wie ein Welpe herum.

„Sunny!“, ruft Anja eines Tages glücklich. „Du bist ja ein richtiges Pferd geworden.“

„Na, endlich merkst du das auch“, schnaube ich.

Jetzt, wo mein Winterfell weg ist, kommt ein seidig glänzendes, neues Sommerfell zum Vorschein. Ich sehe schlanker aus und meine ganze Figur passt viel besser zusammen. Auch meine Schweif- und Mähnenhaare sind ordentlich gewachsen.

Aber natürlich werde ich noch um einiges weiterwachsen, vor allem werde ich noch mehr Muskeln bekommen.

„Du wirst ja hübscher als Susa.“

Das ist natürlich ein tolles Lob für mich. Mama ist aber nicht beleidigt.

Der Alltag kehrt auf den Hof zurück. Es herrscht wieder rege Geschäftigkeit. Die Erzieher treiben die Kinder bei den Hausaufgaben an, damit sie gute Noten bekommen. Und Mark traut sich jetzt offen zu mir her. Seit der Aktion im Winter ist er viel lockerer geworden. Aber auch die anderen Kinder vertragen sich inzwischen viel besser. Sogar Pepe meckert nicht ständig herum und er isst auch nicht mehr ununterbrochen. Seit er mit Wolke ausreiten darf, ist er richtig begeistert, die beiden verstehen sich sehr gut. Es sieht lustig aus, die beiden Runden von hinten zu sehen, wie sie über die Hügel wackeln.

Anja nimmt mich jetzt hin und wieder für eine kurze Strecke als Handpferd mit nach draußen und das ist ganz toll. Mama ist geduldig und freundlich, und wenn ich mal herumzapple, weil ich unbedingt einem Schmetterling nachlaufen oder Gras zupfen will, lässt sie sich nicht aus der Ruhe bringen. Ich sehe so viel mehr von der Welt und lerne alles kennen, was ein Pferd erschrecken kann. Da ich aber merke, dass mir nichts gefährlich wird, werde ich bald genauso gelassen wie Mama.

Die Zeit vergeht wie im Flug. Fressen, Spielen und Spaziergänge wechseln sich ab. Ich schaue nach wie vor gern beim Voltigieren und Reitunterricht zu und gucke mir so manches ab.

Anja folge ich auf Schritt und Tritt; manchmal darf ich einfach frei auf dem Hof herumlaufen, wenn sie mit dem Stallmist beschäftigt ist. Sie macht dann nur das Haupttor zu, das sonst immer offen ist.

„Ich glaube, Sunny wird ein tolles Therapiepferd“, sagt Lara eines Tages zu Anja. „Bei allem, was du mit ihr machst, stellt sie sich sehr geschickt und willig an. Sie hat Freude daran, Aufgaben zu erfüllen. Bestimmt können wir sie mal für sehr schwierige Fälle nehmen. Durch ihr Vertrauen zu den Menschen kann sie auch verstörten Kindern das Vertrauen wieder zurückgeben.“

Das große Rennen

Als die Tage allmählich wärmer werden und der Frühling nicht mehr aufzuhalten ist, reitet Anja mit Mama und mir hin und wieder zum Badeteich. Das ist eine tolle Sache, durchs Wasser zu platschen. Es kühlt die Beine und den Bauch, wenn das Wasser hochspritzt, und es macht Spaß, auf den weichen Grund zu stapfen. Sammy geht ja gleich gar nicht mehr aus dem Wasser heraus, er taucht sogar. Dabei sammelt er alles Mögliche ein, bringt es an Land, schüttelt sich und springt dann wieder in den Teich. Bei solchen Ausflügen fehlt er nie. Nur Lili kann man dafür nicht begeistern.

Auf diese Weise vergeht mein zweiter Frühling ziemlich schnell. Ich bin viel beweglicher als letztes Jahr und ich erkunde mit Anja zusammen die ganze Gegend. Es macht Spaß, als Handpferd neben meiner Mama herzutraben und herumzugucken.

„Hört mal alle zu", fängt Lara eines Nachmittags an, als wir alle von einem Ausritt zurückkommen und versorgt werden. „In ein paar

Wochen, in der zweiten Junihälfte, fangen die Ferien an, und einige von euch werden uns dann verlassen, während Neue hinzukommen. Ich habe mir gedacht, dass wir zum Abschluss ein Sommerfest veranstalten, mit Limo und Kuchen, Brezeln und Grillwürstchen, einer Tombola und allen möglichen Spielen. Alle Eltern und Geschwister sind dazu eingeladen. Und vielleicht habt ihr Lust auf eine Schnitzeljagd? Anja hatte die Idee. Die Eltern stiften Preise für jeden und der Sieger bekommt etwas Besonderes – ein paar nagelneue Sneakers!"

„Wow!", flüstert Mark und ich sehe wie seine Augen strahlen. Die anderen klatschen begeistert.

„Ich lege die Strecke fest und stelle ein paar Aufgaben, die jeder lösen muss. Es kommt also nicht nur auf die Geschwindigkeit, sondern auch aufs Köpfchen an. Da könnt ihr zeigen, ob ihr wirklich was gelernt habt."

In der nächsten Zeit regnet es wieder und alle laufen mit griesgrämigen Gesichtern herum. „Oh Mann, hoffentlich fällt das Fest nicht ins Wasser", befürchtet Anja. „Das wäre vielleicht ein Mist."

„Ach was, es wird alles gut gehen", beruhige ich sie. Muss es schließlich, denn ich bin auch gespannt auf das Fest.

Und das Glück ist auf meiner Seite – wenige Tage vor dem großen Tag reißen endlich die Wolken auf. Nun wird es aber höchste Zeit für die Vorbereitungen; alle sind beschäftigt, den Hof zu dekorieren, Tische und Bänke anzuschleppen. Es ist zwar noch Schule, aber die Noten stehen schon fest, und es gibt nicht mehr so viele Hausaufgaben. Alle wissen, dass sie es geschafft haben, und freuen sich sehr auf das Abschlussfest.

„Ich mache zwar nicht bei dem Wettkampf mit, aber ich darf mitreiten", vertraut Anja mir an, als es so weit ist. „Das Tollste dabei ist, dass ich Susa nehme, und du darfst als Handpferd mit, Sunny!"

„Hey, ich darf mit auf die Schnitzeljagd – was auch immer das sein mag."

Auf dem Hof herrscht dichtes Gedränge, mit all den Familien. Die Kinder sind aufgeregt und bereiten ihre Pferde vor. Es ist ausgelost worden, wer welches Pferd bekommt – mit Ausnahme von Mama und mir. Mark ist auch mit dabei, er will unbedingt den ersten Preis gewinnen.

Marks Eltern sind sehr gespannt. „Wir drücken dir die Daumen, Mark! Aber denk dran, dass es nur ein Spiel ist. Mitmachen ist alles."

„Ich will aber gewinnen“, murmelt Mark. „Und das werd ich auch.“

Dann sitzen endlich alle im Sattel und warten auf das Zeichen. Ich kann spüren, dass meine Artgenossen genauso aufgeregt sind wie ihre Reiter. Sogar Monika hat leuchtende Augen.

Und dann geht's los.

„Jippi!“, treiben die Reiter die Pferde an und bald sind wir alle Richtung Wald verschwunden. Anja, Mama und ich bilden das Schlusslicht.

„Komm, Flocky, streng dich an.“

Mark braucht ihn aber nicht viel anzutreiben. Flocky kann es nicht leiden, wenn andere ihn überholen, er will immer vorne dran sein. Er galoppiert mit fliegenden Hufen vor uns weg. Mark sitzt dabei ganz entspannt, mit lockeren Zügeln auf ihm, wie es sich für einen Westernreiter gehört. Am Zügel gezupft wird nur, wenn sich die Geschwindigkeit oder die Richtung ändert.

Doch die anderen sind auch keine schlechteren Reiter. Nur mit den Karten haben sie Probleme, weil sich keiner mit Kartenlesen auskennt. Jeder hat eine andere Meinung, wo es langgeht und das Feld zerstreut sich. Wir folgen aber Mark.

„Was tappt ihr mir denn nach?“, ruft er uns zu.

„Wir stören dich doch nicht!“, gibt Anja zurück. „Und wegen dir reite ich keinen Umweg.“

„Kommt mir aber bloß nicht in die Quere.“

Wir reiten rechts am Waldrand vorbei, bis zum zweiten Jägerstand. Dort steigt er ab. Er lässt Flocky grasen und wir warten ebenfalls, während er den Jägerstand hinaufklettert. Nach einer Weile herumsuchen findet er in eine Rinde eingewickelt einen Zettel mit der Aufgabe. „Da steht: Was passt nicht in die Aufzählung: Fliege, Biene, Maikäfer, Spinne, Floh“, liest er laut vor.

„Oh“, macht Anja und legt die Stirn in Falten.

„Hmmm“, grübelt Mark. „Wegen der Flügel? Aber Spinne und Floh haben beide keine. Bodenkrabbler oder Nektarsammler? Nee. Oh, ich weiß! Spinne! Sie ist kein Insekt, weil sie acht Beine hat!“ Er trägt die Lösung auf seine Karte ein, legt den Zettel in der Rinde versteckt zurück und steigt wieder auf Flocky. Weiter geht's, auf einem Pfad in den Wald hinein. An einer Wegkreuzung steht ein Richtungsweiser – und hinter den ist die nächste Aufgabe geklemmt.

„Welche Sprache spricht man in Brasilien?“

„Das ist leicht“, murmelt Mark lässig. „Portugiesisch, als einziges Land in Südamerika.“

Schon geht es wieder weiter, raus aus dem Wald und zu einer großen Eiche, die allein auf einem Feld steht. Unten hängt ein Schild mit einem Pfeil nach oben, auf dem steht: „Pflück dir einen!“

„Uihje“, ruft Mark. „Anja, das ist gemein!“

„Hihi“, macht Anja vergnügt. Sie lässt uns grasen und macht es sich selbst gemütlich. „Jetzt bin ich ja fast froh, dass ich nicht mitmachen muss.“

Hoch oben über unseren Köpfen sind Goldtaler an kleine Zweige gebunden. Unten gibt es keine Äste zum Raufklettern. Was nun?

Inzwischen treffen auch andere „Jäger“ ein und schauen ebenso ratlos nach oben.

„Wir könnten uns aufeinander stellen und einer holt für alle die Goldtaler“, schlägt Monika vor.

„Nee, ohne mich“, lehnt Mark ab.

Also versuchen es die anderen. Pepe muss unten stehen, weil er der Schwerste ist. Tom klettert auf seine Schultern und will sich hinstellen, aber es ist eine wacklige Angelegenheit.

„Haltet euch am Baum fest“, rät Monika.

Das klappt. „Toll!“, ruft Tom. „Und wie geht’s jetzt weiter?“

„Ich klettere auf dich und pflücke.“ Monika versucht sich an den beiden hochzuhangeln.

Mark stemmt seine Beine in die Rinde und versucht so den Baum zu erklettern. Er schafft es sogar ein Stück, doch dann rutscht er ab und fällt auf den Hintern. Die anderen lachen.

„Hört auf“, klagt Pepe dann aber. „Wackelt nicht so! Ahh! Tom, mach dich nicht so schwer. Monika, du trittst mich in die Seite. Aua! Reißt mir nicht den Kopf ab!“

Jetzt ist es an Mark zu lachen. Die drei machen komische Verrenkungen, schaukeln hin und her – und dann fallen sie langsam um.

„Wie der schiefe Turm von Pisa“, kichert Mark. Sie purzeln alle durcheinander und brauchen eine Weile, um sich wieder zu sortieren.

Mark guckt Flocky an, der interessiert zuschaut. „Hmmm“, macht er. Dann steigt er in den Sattel. „Beim Voltigieren ist das die reinste Kinderübung. Mal sehen, ob es auch mit Sattel geht.“ Er stemmt sich hoch und versucht sich auf Flockys Rücken zu stellen.

„Schön brav stehen bleiben“, bittet er Flocky. Der nickt leicht mit dem Kopf, er hat verstanden. Außerdem findet er das lustig, was Mark da mit ihm anstellt. Und er kennt das Voltigieren. Es ist nicht leicht mit dem Sattel, aber Mark findet sein Gleichgewicht. Dann streckt er sich langsam nach oben. „Ach, kinderleicht!“, freut er sich. Da er der Längste in der Gruppe ist, hat er jetzt keine Probleme mehr, an die Goldtaler heranzukommen.

„Pflück uns auch welche“, bettelt Pepe.

Aber Mark holt sich nur einen und setzt sich wieder in den Sattel. „Ihr habt doch jetzt den Tipp“, ruft er vergnügt und treibt Flocky an.

„Du bist gemein“, beschwert sich Pepe.

„Ach was, das schaffen wir doch auch“, sagt Monika unerwartet energisch. „Und wenn du's nicht schaffst, helf ich dir.“

„Beeilen wir uns, da kommen die Nächsten!“, ruft Tom.

Und so geht die Jagd weiter. Mark findet alle versteckten Schätze, löst Rätsel wie: „Welche Frage kann man nicht mit Nein beantworten?“ – „Antwort: Schläfst du?“ – , Rechenaufgaben und Wissensfragen. Nur einmal schlägt er den verkehrten Weg ein, ausgerechnet, als es zurückgeht. Er landet auf der verkehrten Seite des Baches und sieht Fritz, der auf Speedy vorbeizieht. Ausgerechnet Speedy, der Schnellste von allen.

Fritz hat Mark entdeckt und dreht ihm eine lange Nase.

Mama hebt den Kopf und spitzt die Ohren. „Anja, da sausen wir auch los, ja?“, bettelt sie.

Ihre Aufregung steckt mich an und ich tänzle auf der Stelle.

„Nein“, sagt Anja streng. „Wir gehen zur Seite und reiten ganz gemütlich zurück. Seid schön brav, ihr zwei. Ich habe doch gesagt, dass wir nicht mitmachen dürfen.“

„Flocky, wir müssen hinterher“, drängt Mark und treibt ihn in den Galopp.

„Können vor Lachen“, wiehert Flocky, der bis jetzt alles begeistert mitgemacht hat. „Wie sollen wir denn über den Bach kommen? Du musst zurück.“

„Wir können nicht zurück“, ruft Mark. „Da verlieren wir zu viel Zeit und hinter uns kommen schon die anderen. Weißt du was? Wir springen über den Bach.“

„Spinnst du? Ich bin doch kein Springpferd.“

„Komm, Flocky, das kannst du. In der Wildnis würdest du das auch tun.“

„In der Wildnis würde ich so lange laufen, bis ich um den Bach herum bin.“

„Komm schon, wir schaffen das. Los, los!“ Marks Begeisterung reißt ihn fort und Flocky mit sich. Sie rennen auf den Bach zu und bevor Flocky sich entscheiden kann zu verweigern, ist er mit einem kurzen Hopser auch schon drüber. Dann gibt er aber Gas.

„Ach, da komme ich sowieso nicht hinterher“, behauptet Mama, während wir im Trab dahinzockeln, gerade so schnell, dass wir Mark und Flocky nicht aus den Augen verlieren.

„Ich erwische dich, Speedy!“, wiehert er.

Flocky und Speedy donnern im vollen Galopp zurück! Mark und Fritz hocken wie die Cowboys drauf und feuern ihre Pferde an. Wir können die Zuschauer schon sehen – und alle treiben sie an. Abwechselnd geht es: „Speedy! Speedy! Flocky! Flocky!“, je nachdem, wer zu wem hält.

Momentan liegen sie gleichauf. Doch dann zieht Speedy los und mit einer Pferdelänge vor Flocky rennt er über die Ziellinie.

„Hurraaa!“, schreien alle gleichzeitig, springen herum und jubeln. Mark und Fritz sitzen ab und loben die beiden braven Hafis. Nach ihnen kommen wir und in kurzen Abständen die restlichen „Jäger“ herein. Die Schätze werden präsentiert und die Lösungen der Aufgaben geprüft.

Leider hat Fritz ebenso wie Mark alles gewusst und die Schnitzeljagd gewonnen.

„Aber du hast bei den Aufgaben alles herausgefunden und gewusst“, sagt sein Vater zu ihm. „Ich bin sehr stolz auf dich.“

„Speedy ist nun mal das schnellere Pferd, das ist nicht deine Schuld“, tröstet Anja. Mark schaut trotzdem traurig auf die Schuhe, die Fritz triumphierend hochhält. Alle bekommen ihre Trostpreise und dann gehen wir auf den Hof zum Feiern.

Sunny schnappt den Dieb

„Wo ist denn Mark?“, erkundigt sich seine Mama nach einer Weile. „Ich kann ihn nirgends entdecken.“

„Ach, er wird sicher gleich zurückkommen“, antwortet Anja. Sie putzt meine Hufe. Während die Feier schon begonnen hat, werden wir noch versorgt, denn wir schwitzen ordentlich, und Hunger haben wir auch.

Doch auf einmal kommt Fritz angelaufen. „Meine Schuhe sind weg. Ich wollte sie gerade anziehen, aber ich hab nur noch das da gefunden.“ Er zeigt ein dünnes Lederarmband.

„Das gehört Mark“, rutscht es Anja raus, die sich sofort erschrocken die Hand vor den Mund schlägt.

„Flocky ist weg“, meldet da Tom von den Pferden.

„Hat jemand Mark gesehen?“, fragt Lara in die Runde.

Nein, niemand. Hans macht ein bekümmertes Gesicht. „Das bedeutet wohl nichts Gutes.“

Anja springt auf. „Nein! Mark hat die Schuhe nicht gestohlen. Niemals.“

„Nun, er schien sehr enttäuscht zu sein, dass er Zweiter geworden ist …“, sagt einer der Väter zögernd.

Anja funkelt ihn wütend an. „Das würde er nie tun.“

Marks Eltern schauen sich betreten an.

„Na ja, er hat schon mal …“, murmelt sein Papa in sich hinein.

„… und das Armband gehört ihm …“, sagt die Mutter.

„Das ist nicht euer Ernst!“ Anjas Augen füllen sich mit Tränen. „Mark ist nicht mehr so wie früher. Er ist kein Dieb.“

Lara tritt dazwischen. „Zuerst sollten wir Mark und Flocky suchen“, schlägt sie vor. „Er kann uns vielleicht sagen, was mit den Schuhen geschehen ist, und warum er verschwunden ist. Bis dahin sollten wir keine voreiligen Schlüsse ziehen. Ich glaube nämlich auch nicht, dass er der Dieb ist.“

„Komm, Sunny!“ Anja greift nach meinem Führstrick und läuft mit mir los. „Ich finde Mark, verlasst euch drauf. Und dann werdet ihr euch alle bei ihm entschuldigen.“

Wir verlieren keine Zeit. Der einzige Weg, den Flocky und Mark genommen haben können, ohne dass sie jemand sieht, führt am Stadel vorbei. Vielleicht sind sie noch nicht lange fort.

„Mark!“, ruft Anja. „Maark!“

„Das hat keinen Sinn“, wiehere ich ihr zu. „Beeilen wir uns lieber, dass wir ihn einholen.“

Ich ändere schlagartig die Richtung, als ich Pferdedung rieche. Flocky!

„Hier entlang“, rufe ich und zerre Anja auf einen Feldweg, der gewunden zwischen Büschen hindurch Richtung Straße führt.

„Sunny, du bist super!“ Anja klingt zuversichtlicher, obwohl ihre Wangen immer noch tränenfeucht sind.

„Es ist noch nicht lange her“, melde ich. Mit der Nase am Boden trabe ich voran, und Anja sieht zu, dass sie neben mir bleibt. Ruckartig bleibe ich stehen und spitze die Ohren. Ich habe Stimmen gehört.

Anja auch, und sie legt einen Finger an die Lippen. Ganz vorsichtig schleichen wir weiter.

„Hast du gedacht, du kommst damit durch?“, hören wir Marks Stimme hinter einem Busch. „Ich hab gesehen, wie du die Schuhe genommen und mein altes Lederband hingeworfen hast! Das hast du mir schon vor langer Zeit geklaut, und jetzt benutzt du es, um mich als Dieb hinzustellen.“

„Ja, und das ist mir auch gelungen“, erklingt eine zweite, höhnische Stimme. Das ist Volker! „Und es hilft dir gar nichts, wie John Wayne auf deinem Klepper hinter mir herzuhetzen, du kriegst mich nicht. Pass mal auf: Ksch! Weg, ab mit dir!“

Flocky wiehert und Mark redet beruhigend auf ihn ein. In diesem Moment sind wir um die Ecke gebogen und sehen Mark, der mit Flocky kämpft, damit er nicht durchgeht. Volker hebt sein Fahrrad auf, von dem Mark ihn anscheinend heruntergeschubst hat, denn seine Sachen sind ganz staubig.

„Du entkommst mir nicht“, droht Mark. „Von dir lasse ich mich nicht anschwärzen. Ich bin kein Dieb.“

„Mark!“, ruft Anja.

Volker bemerkt uns jetzt erst, als er gerade losradelt. „Weg da, aus dem Weg!“, schimpft er. Er fährt auf Anja zu und versetzt ihr einen Stoß, der sie umwirft.

„Hey“, wiehere ich empört. „Na warte, du.“

Anja hat meinen Strick verloren, und nun setze ich hinter Volker her, gerade als auch Flocky losrennt. Ich bin aber weiter vorn und hab Volker zuerst eingeholt. Nach Pferdemanier, wenn man sich wie ein richtiger Rüpel auf der Weide benimmt, galoppiere ich neben ihn und stoße ihn dann kräftig mit dem Kopf in die Seite. Ich bin so sauer, dass ich mein ganzes gutes Benehmen vergesse.

„Ahhh“, macht Volker, als er in hohem Bogen ein zweites Mal im Staub landet.

Zornig stelle ich mich vor ihm auf. „Das soll dir eine Lehre sein. Und wehe, du schmeißt noch mal mit Steinen nach mir."

„Gut gemacht, Sunny! Du hast den Dieb gefangen", ruft Mark hinter mir. Er steigt von Flocky ab und holt die Schuhe aus Volkers Tasche, die am Fahrrad hängt. „Damit bist du geliefert, Blödmann!"

Volker rappelt sich auf und reibt sich den Arm. Er scheint zu überlegen, ob er weglaufen soll. Aber Anja hat sich schon sein Rad geschnappt – und schneller als wir Pferde kann er auf seinen zwei Beinen nicht laufen. Er kann uns nicht entkommen.

„So, und jetzt gehen wir alle zurück – und du voraus, Volker", ordnet Mark an. „Lass dir bloß keinen Blödsinn einfallen, du Wicht, gegen uns alle kommst du nicht an."

„Nicht schlecht, Kleine", wiehert Flocky mir zu und stupst seine Nase an meine. Einträchtig marschieren wir nebeneinander, hinter Mark und Anja her, die uns führen.

Ich trage meinen Kopf ganz hoch, so stolz bin ich.

Der Hof ist in heller Aufregung, als wir zurückkehren – alle starren uns an.

„Das ist der Dieb", ruft Mark und deutet auf Volker. „Ich würde einem Freund nichts klauen." Er gibt Anja die Führleine und geht mit den Schuhen zu Fritz. „Klar wollt ich die Schuhe – aber gewinnen, und das werd ich beim nächsten Mal auch und dann schluckst du meinen Staub, das verspreche ich dir."

Alle beginnen spontan zu klatschen und Mark grinst verlegen. So viel Zustimmung ist er nicht gewohnt. Marks Eltern umarmen ihn.

„Es tut mir Leid, dass ich nicht sofort sicher war, dass du unschuldig bist", sagt sein Vater unglücklich. „Wir müssen wohl auch noch einiges lernen, vor allem, dass du dich geändert hast."

„Ja, is' ja nicht so wild." Mark befreit sich verlegen aus der Umarmung.

Hans und Lara kommen herüber und klopfen Mark auf die Schulter.

„Ich habe an dich geglaubt, und ich bin froh, dass ich damit Recht hatte", erklärt Lara.

„Und ich bin sehr stolz auf dich, Mark", fügt Hans hinzu. „Du hast dich bestens bewährt."

„Danke", sagt Mark. „Aber allein hätte ich's nicht geschafft. Ihr habt mir alle sehr geholfen."

Dann tätschelt er meine Nase. „Vor allem du, Sunny. Du bist eine richtige kleine Heldin, weißt du das?"

„Wiehh, klar weiß ich das. Hab ich da nicht eine Belohnung verdient?"

„Mark, ich glaube, du bekommst doch noch

deinen ersten Preis", mischt Hans sich ein. „Wir wollten noch bis zum letzten Schultag warten, aber da die Entscheidung gefallen ist, können wir dir die gute Nachricht auch schon heute verraten. Oder, Lara?"

„Auf jeden Fall", antwortet Lara lächelnd.

„Also, Mark", fährt Hans fort, „wenn du möchtest, kannst du heute noch deine Sachen packen und mit deinen Eltern nach Hause fahren – für immer."

„Was, ehrlich?", stößt Mark entgeistert hervor.

„Ehrlich! – Deine Noten sind viel besser geworden, du selbst ruhiger, und dass du inzwischen nachdenkst, bevor du reagierst, hast du heute einmal mehr bewiesen."

„Wow, toll!" Mark macht einen Luftsprung. „Dann habe ich ja doch gewonnen."

Diesmal hat er nichts dagegen, dass seine Eltern ihn in die Arme schließen. Sammy, der nicht kapiert hat, was passiert ist, weil er alles verschlafen hat, aber sich immer freut, wenn jemand glücklich ist, springt jaffend um uns herum.

„Aber", sagt Mark, „geht das, dass ich trotzdem noch herkommen darf? Ich könnte mit Anja zusammen bei den Pferden helfen … und vielleicht weiter Stunden nehmen. Es macht mir wirklich Spaß."

„Jaha“, wiehere ich. „Dann seh' ich euch wieder.“

„Von uns aus gerne, Berti kann jede Hilfe gebrauchen“, erklären Lara und Hans gemeinschaftlich.

Und dann geht das Fest erst so richtig los. Alle machen sich über das Essen her, es wird Musik gespielt und ein paar von den Erwachsenen tanzen.

Irgendwann sind Mark und Anja für einen Moment unter sich. Sie stehen bei mir und streicheln mich abwechselnd.

„Anja ...“, fängt Mark verlegen an, „du hast mir die ganze Zeit über geholfen, aber ich war meistens nur eklig zu dir. Ich wollte dir nur sagen, dass mir das Leid tut. Ich hab mich ziemlich blöd benommen.“

„Ist schon okay“, antwortet Anja strahlend. „Dafür sind Geschwister ja da.“

„Du bist eigentlich ganz in Ordnung, für eine kleine Schwester meine ich.“ Mark lächelt. „Ich werde von jetzt an netter zu dir sein.“

Anja reibt sich die Nase. „Na, ob ich mich daran gewöhne?“ Dann platzt ihr ein Lachen heraus und sie umarmt ihren Bruder.

„Wird schon nicht zu schlimm werden, kleine Schwester.“

Tiere
Freunde fürs Leben

Alle Bände auf einen Blick

Lies selbst, welche Abenteuer unsere kleinen Freunde in den anderen Büchern erleben! Die Helden wie Einstein, der Golden Retriever, oder Sunny, das süße Haflingerfohlen, erzählen dir ihre spannendsten Geschichten auf dem Weg zum Erwachsenwerden. Sei neugierig, was sie zu berichten haben ...

Fenja, einfach klasse!
Band 11 ISBN 3-89748-596-6

Dino

Mira, die Heldin
Band 1 ISBN 3-89748-229-0

Cleos großer Sieg
Band 2 ISBN 3-89748-230-4

Gib nicht auf, Max!
Band 3 ISBN 3-89748-231-2

Minka, wo bist du?
Band 4 ISBN 3-89748-232-0

Einsteins beste Idee
Band 5 ISBN 3-89748-303-3

Fees großer Auftritt
Band 6 ISBN 3-89748-304-1

Sunny jagt den Dieb
Band 7 ISBN 3-89748-376-9

Minni kommt groß raus
Band 8 ISBN 3-89748-501-x

Lena & Niko, endlich daheim!
Band 9 ISBN 3-89748-502-8

Wohin gehörst du, Ole?
Band 10 ISBN 3-89748-592-3

Weitere Bände in Vorbereitung!

Tiere

Freunde fürs leben

Gib nicht auf, Max!

Uschi Zietsch

Der Neuankömmling

Die Welt ist so unwirklich wie in einem Traum. Ich kann nichts sehen und hören, denn meine Augen und Ohren haben sich noch nicht geöffnet. Laufen kann ich ebenfalls noch nicht, nur kriechen. Aber fühlen kann ich – Wärme. Ich suche instinktiv nach der Zitze von Mama. Irgendwie muss ich den Weg finden, denn ich bin sehr hungrig.

Mamas Zunge streicht über meinen kleinen Körper. Ich drücke mich dagegen. Ich suche nach dem Weg ... es ist alles noch so anstrengend und so schwierig zu begreifen.

Hungrig und schläfrig bin ich. Nur das interessiert mich momentan. Ich weiß, dass ich bei Mama liege, die mir Schutz und Nahrung gibt.

Aber ... irgendetwas stimmt nicht. Etwas verändert sich, geschieht mit mir. Ich finde Mamas Zitze nicht. Ich kann ihre Zunge nicht mehr spüren.

Ich fiepe leise. Mama wird mich hören und mir helfen ...

Jetzt ist es schön warm. Etwas streicht über meinen Rücken. Aber ... das ist nicht Mamas Zunge! Ich fiepe erneut. Was geschieht da? Es ist fremd ... aber weich und behutsam. Ich brauche mich nicht zu fürchten. Etwas schiebt sich in mein Maul, es fühlt sich an wie eine Zitze! Wie habe ich sie jetzt nur gefunden? Na, egal. Ich bin viel zu hungrig. Ich fange an zu nuckeln und zu saugen. Die Milch ist warm und endlich bin ich satt. Zufrieden schlafe ich ein.

Schlafen kann ich ständig. Aber auch, wenn ich wach bin, kommt mir alles ganz unwirklich vor. Wenn ich aufwache und hungrig bin, muss ich leise fiepen, anstatt nach der Zitze zu suchen. Das habe ich schnell gelernt. Mama ist fort, doch jemand anderer kümmert sich um mich. Ich werde gestreichelt und nach dem Essen wird mein Bauch massiert. Es ist aber keine Zunge, es fühlt sich an wie schmale Pfoten mit langen Zehen. Ich liege warm und behaglich, aber es ist kein Fell, an das ich mich schmiege. Meine Nase kann inzwischen schon einige Gerüche unterscheiden.

Angst habe ich keine. Ich bekomme alles, was ich brauche. Ich sauge und träume.

Ich staune sehr, als ich auf einmal einen Lichtstrahl erkenne. Bisher ist meine Welt dunkel gewesen. Ich sehe Bewegungen, unförmige Schatten. Einer dieser Schatten nimmt und wärmt mich. Ich rieche Milch und öffne sofort das Mäulchen.

Meine Augen öffnen sich immer mehr und ich kann besser sehen. Auch die Stille füllt sich allmählich mit unterschiedlichsten merkwürdigen Geräuschen. Ich habe viel damit zu tun, sie auseinander zu halten und zu lernen, was sie bedeuten. Meine Nase hilft mir dabei, alle Eindrücke miteinander zu verbinden.

Es stimmt also: Mama ist fort und auch meine Geschwister. Aber wer sorgt dann für mich? Ich verstehe immer noch so wenig, und manchmal weiß ich nicht, ob ich wach bin oder träume.

Wenigstens muss ich nicht mehr kriechen. Meine Beine werden immer kräftiger. Ich kann jetzt schon ein paar Schritte laufen, ziemlich wackelig zwar und oft genug falle ich auch noch um, aber immerhin. Wenn etwas zu weit weg ist, um es erkennen zu können, stolpere ich darauf zu. Ich schnüffle und schlecke daran herum, um zu spüren, was es sein könnte. Das macht mich schnell müde und schon bin ich wieder eingeschlafen.

Es gibt Tag und Nacht. Tagsüber ist es hell und viel los. Ich werde hochgehoben, gewärmt und bekomme meine Milch. Ich höre viele lebhafte Geräusche, die ich immer besser verstehen kann. Nachts ist es dunkel und still. Wenn ich aufwache, liege ich ganz ruhig und lausche. Manchmal habe ich Hunger, aber ich halte es schon gut bis zum Morgen aus.

Jedenfalls sind es keine Hunde, die mich aufziehen. Sondern seltsame Wesen, die auf zwei Beinen laufen und kein Fell haben, außer auf dem Kopf. Bisher kann ich nur sehr wenige Worte ihrer Sprache verstehen und mir merken. Ich habe schon versucht Wörter nachzusprechen, aber es sind ganz andere Laute dabei herausgekommen.

Jeden Tag gibt es etwas Neues zu entdecken und zu lernen. Mein Platz, ein großer Korb, in dem viele weiche Decken liegen, damit ich es gemütlich habe, genügt mir nun nicht mehr als Spielplatz. Jetzt will ich herausfinden, was es sonst noch gibt. In einem Raum halten sich meine Beschützer oft auf und essen etwas. Ihr Futter riecht ganz anders als meines. Es würde mich ja mal interessieren, wie das schmeckt!

Ich habe gesehen, dass das Futter häufig aus einem Behälter geholt wird. Also sollte ich dort mal nachsehen! Zielstrebig steige ich aus meinem Korb – und falle erst mal auf die Nase. Drüben geht es ganz schön weit runter für meine kurzen Beinchen! Ich rapple mich auf und lecke meine eingedrückte Schnauze.

„Ja, was tust du denn da?“, höre ich eine helle Stimme. Inzwischen verstehe ich ihre Sprache schon recht gut, nur leider klappt es andersherum nicht. Wenn ich antworte, lachen alle immer nur. Ich verstehe es zumindest als Lachen, obwohl sie dazu die Zähne fletschen. Aber sie sind ja keine Hunde, und ich kann spüren, dass sie gute Laune haben.

„Wiff?“ Ich schaue hoch. „Ich möchte gern zu dem Behälter und nach Futter suchen.“

„Na, komm mal her, du.“ Ich werde hochgehoben und finde mich auf dem Schoß meiner Beschützerin wieder. Ich kann riechen, dass sie weiblich ist. „Möchtest du, dass ich dir eine Geschichte erzähle, von einem kleinen Schäferhund?“

„Ja, gerne!“ Erwartungsvoll blicke ich in das flache, rosige Gesicht. Sie haben ja nicht mal richtige Nasen!

„Es war einmal ein kleiner Schäferhund, gerade mal 16 Tage alt“, wird mir erzählt, „der hieß Max. Gefällt dir der Name?“

Ist das etwa eine Geschichte über mich? Max – klingt nicht schlecht, finde ich. „Wiff-wiff!“

„Ich bin Daniela und lebe mit meiner Familie in einem Haus in einer großen Stadt. Das wirst du alles noch kennen lernen.“

Das klingt ja sehr spannend. Diese Menschen können wohl sehr viel, wenn ich von ihnen lernen soll? „Wo ist Mama?“, will ich wissen.

Daniela erzählt weiter, als hätte sie meine Frage verstanden: „Leider kannst du nicht bei deiner Mama aufwachsen. Ihr seid sehr viele Geschwister. Sie hätte euch unmöglich alle ernähren können. Mein Papa hat dich deshalb mit zu uns nach Hause genommen und wir ziehen dich auf.“

„Was machst du denn da?“, höre ich eine zweite Stimme.

Daniela verdreht die Augen. „Das ist Florian, mein nerviger Bruder“, flüstert sie mir zu. „Kümmer dich einfach nicht um ihn, Max.“

„Das gibt's doch nicht!“ Florian hat genauso helle Haare wie Daniela, aber viel kürzer und unordentlicher. „Du redest mit dem Welpen?“

„Ich erzähle ihm nur, wo er herkommt, und dass er Max heißt!“

„Das kapiert der doch nicht! Das ist ein Tier! Die sind zu blöd dazu!"

Wie meint er denn das? Ich glaube, das war eine Beleidigung!

„Und du bist auch nicht gescheiter!", gibt Daniela zurück. Recht so!

Mein Kopf bewegt sich zwischen den beiden hin und her. Ich finde es aufregend, diese Welt zu entdecken!

„Gib ihn sofort her, das ist mein Hund!" Florian packt mich plötzlich und ich jaule vor Schreck auf.

„Tu ihm gefälligst nicht weh!", schnauzt Daniela ihn an. „Das ist doch kein Stofftier!"

„Er ist nur empfindlich!" Florian hält mich aber jetzt vorsichtig im Arm und streichelt mich. Das passt irgendwie nicht zu dem, was er sagt. „Papa hat gesagt, dass Max nicht zu sehr verhätschelt werden darf!"

„Aber er ist doch noch so klein! Und außerdem darf ich dich daran erinnern, dass er genauso mein Hund ist wie deiner!" Daniela stellt sich mit verschränkten Armen vor ihren Bruder. Sie sind beide gleich groß.

„Papa hat ihn mir gegeben! An meinem elften Geburtstag!", beharrt Florian.

„An *unserem* Geburtstag!", verbessert Daniela. „Wir sind Zwillinge, schon vergessen?"

„Ich bin aber älter als du!"

„Ja, genau, da hast du dich bereits das erste Mal vorgedrängelt! Um ganze zwei Minuten!"

„Du bist ja bloß neidisch." Florian drückt mich an sich und krault meinen Nacken. „Max ist ein Polizeihund und es gibt nun mal keine Hundeführerin in der Staffel. Also soll er von Anfang an gleich den richtigen Umgang haben!"

„Das ist doch ein Witz!", regt Daniela sich auf. „Und deshalb soll er dir allein gehören? Du spinnst doch!"

„Na, na, ihr beiden Streithähne, um was geht es denn jetzt schon wieder?" Jemand ist unbemerkt hereingekommen.

„Mama, sag diesem Hohlkopf, dass mir Max ebenso gehört wie ihm!", ruft Daniela.

Neugierig betrachte ich die Mutter der beiden. Ich spüre ganz deutlich, dass sie hier zu bestimmen hat. Das ist also ähnlich wie bei uns Hunden.

„Um es genauer zu sagen, gehört der Welpe euch beiden ... nicht", antwortet Danielas Mutter.

„Was?", stößt Florian empört hervor. „Aber Papa hat doch gesagt ..."

„... dass ihr den Hund pflegen und aufziehen dürft“, vollendet seine Mutter den Satz. „Aber er gehört trotzdem der Staffel, genau wie seine Eltern. Papa hat Max mitgebracht, weil Cara nicht genug Milch für alle Welpen hatte.“

Daniela ist ebenso verwirrt wie ihr Bruder. „Aber die wollten ihn doch gar nicht ... die haben gesagt, dass er zu klein ist und sowieso nicht überlebt ...“

Ach, so ist das? Ich bin also ein Schwächling. Arme Mama, was muss sie mitgemacht haben, als sie mich ihr weggenommen haben! Danielas Papa scheint aber sehr nett zu sein, da er mich nicht im Stich gelassen hat.

„Papa hat entschieden es trotzdem zu versuchen. Was hätte man auch sonst mit dem armen Wurm machen sollen? Das ändert aber nichts daran, dass er nur zur Pflege bei uns lebt, bis er alt genug für die Ausbildung ist.“

„Och ...“ Beide lassen die Köpfe hängen. Ich lecke Florians Hand.

„Ich mag euch beide gern“, versichere ich. „Wir können doch miteinander viel Spaß haben! Und so eine Ausbildung dauert bestimmt nicht den ganzen Tag. Dann haben wir immer noch Zeit füreinander!"

Hundeelend

Ich wachse schnell. Bald brauche ich kein Fläschchen mehr, sondern kann mein Futter alleine essen. Dafür habe ich meinen eigenen Napf, der gleich neben dem Kühlschrank mit dem Futter steht. Nach wie vor wohne ich nämlich in der Küche und kenne jetzt schon die meisten Einrichtungsgegenstände. Den Rest des Hauses hat mir Daniela mal auf einem Rundgang gezeigt. Es gibt noch ein Wohnzimmer mit einer Tür zu einem kleinen Garten, und über die Treppe hinauf geht es zu den Schlafzimmern.

Anfangs habe ich im Schlafzimmer der Eltern gewohnt, weil ich oft Milch und Nestwärme brauchte. Doch inzwischen schlafe ich auch nachts in der Küche, das ist wie mein eigenes kleines Revier. Niemanden stört es, wenn ich nachts mal herumlaufe. Ich kann jederzeit etwas trinken.

Ich bekomme jetzt zur Milch immer mal ein Gemisch Welpenfutter aus der Dose, Flocken und frischen Sachen wie Ei, geschabtes Fleisch und Gemüse. Meine Milchzähne brechen schon durch, und es macht Spaß, auf dem Essen herumzukauen. Richtig zerbeißen kann ich es natürlich noch nicht, aber es ist alles ganz weich. Anfangs habe ich sehr genau am Futter geschnuppert, weil ich es nicht kannte, aber inzwischen halte ich mich damit nicht mehr auf. Dreimal am Tag bekomme ich meine Milch und abends das Fresschen. Ich lasse dann gern einen Bissen übrig, damit ich mir in der Nacht noch was holen kann.

Eines Nachts aber kann ich überhaupt nicht schlafen. In meinem Bauch rumort es so, und ich habe dauernd das Gefühl, ich muss. Dazu niese ich ständig. Was ist das nur? Aufgeregt laufe ich in der Küche herum. Ich habe Angst und will nicht allein bleiben. Ich winsle, aber niemand hört mich. Also hole ich tief Luft, lege den Kopf in den Nacken und heule. Ich bin ganz erstaunt, wie laut ich sein kann. Da heule ich gleich noch mal. Allerdings mit Unterbrechungen, weil ich schon wieder niesen muss.

Endlich geht das Licht draußen an. Daniela und Florian kommen herein, mit verschlafenen Gesichtern und verwuschelten Haaren.

„Max, was ist denn los?“, flüstert Daniela. „Warum machst du so einen Höllenlärm?“

„Mann, hier stinkt‘s vielleicht!“, ruft Florian. Er macht Licht und verzieht das Gesicht. „Max, was hast du nur für eine Schweinerei hier gemacht!“, schimpft er. „Igitt, Daniela, mach das bloß schnell weg!“ „Mach du‘s doch weg!“, gibt Daniela zurück. „Ich bin nicht deine Putzfrau!“

„Aber das ist so eklig ...“

Ich schmiege mich an den Rand meines Körbchens und gucke aus traurigen Augen. „Wiih...“, mache ich leise.

„Flo, ich glaube, er ist krank“, sagt Daniela. Sie kommt zu mir und hebt mich hoch. „Na komm, ich mach dich erst mal sauber. Und du wischst den Boden!“, befiehlt sie ihrem Bruder. „Ich mache nicht alles allein!“

„Aber was hat er denn?“, fragt Florian. „Ich weiß es nicht ... irgendwas stimmt nicht mit ihm ...“

Sie wäscht mich, wickelt mich in ein Tuch und hält mich im Arm. Florian hat inzwischen die Küche sauber gemacht, aber er hat fortwährend dabei geschimpft.

Da kommt ihr Vater in die Küche. „Was ist hier los?“

Daniela hält mich hoch. „Ich glaube, Max ist krank.“

In diesem Moment muss ich schon wieder niesen. Der Vater nimmt mich in den Arm und horcht an meinem Bauch. „Das hört sich wirklich nicht gut an."

„Denkst du, es ist was Ernstes?", fragt Florian mit zitternder Stimme.

Das will ich nicht hoffen! „Wiff!", mache ich. „Es wird schon wieder!"

„Ich glaube nicht, dass es akut ist. Aber wir müssen morgen auf alle Fälle zum Tierarzt", antwortet der Vater. „Wann kommt ihr aus der Schule?"

„Um eins", gibt Daniela Auskunft. „Wird er so lange durchhalten?"

„Ja, ich denke schon. Ich nehme Max in der Früh mit und hole euch ab. Dann werden wir ja sehen."

Morgens mag ich gar nichts essen, obwohl ich mich schwach fühle. Das Rumoren in meinem Bauch ist noch schlimmer geworden, und ich muss dauernd niesen. Der Vater setzt mich in einen Transportkorb, den er vorher weich ausgelegt hat.

„Armer kleiner Kerl", sagt er mitfühlend. Ich muss immer noch niesen und meine Augen tränen.

„Warum ist das so?", will ich wissen.

Wir fahren mit dem Auto. Daniela hat

mir den Sinn dieser Stinkdinger erklärt: Man kann sich schnell von einem Ort zum anderen bewegen. Mir wird davon nur speiübel. Es macht überhaupt keinen Spaß und ich fühle mich noch elender.

Ich bleibe die ganze Zeit im Korb und bekomme kaum etwas von der Umgebung mit. Normalerweise wäre ich sehr neugierig, noch dazu, weil ich das erste Mal draußen bin! Aber ich bin zu schwach und zu müde. Ab und zu macht der Vater alles sauber und streichelt mich. Ich lasse teilnahmslos alles mit mir geschehen.

Als ich das nächste Mal aufwache, bin ich ganz woanders. Der Deckel des Korbes ist offen und helles Licht fällt herein. Da sind eine Menge fremdartiger Gerüche um mich herum. Hauptsächlich kann ich Angst riechen. Das überträgt sich auf mich und ich fange an zu zittern.

Da spüre ich Florians sanfte Hand auf meinem Kopf. „Du brauchst keine Angst zu haben, Max, alles wird gut“, tröstet er mich. „Der Tierarzt wird dir helfen.“

Dann trägt er mich in einen anderen Raum, in dem es ganz furchtbar stinkt – sehr scharf, nach Angst und irgendwelchen Mitteln.

Jemand hebt mich aus dem Korb und setzt mich auf einem kalten, glatten Tisch ab.

„Wuuh ..." Wuff noch mal, habe ich Angst! Zitternd schaue ich den fremden Menschen an. Er trägt einen weißen Mantel und verströmt diesen scharfen Geruch. Aber seine Hände sind sanft, ebenso seine Stimme.

„Na, wen haben wir denn da? Max heißt du kleiner Kerl also? Du bist ein deutscher Schäferhund und ein hübscher noch dazu. Wie alt bist du denn?"

„Weiß ich doch nicht!", winsle ich kläglich.

„Knapp vier Wochen", antwortet Daniela für mich.

„Schauen wir dich mal an." Ich wage nicht mich zu rühren, als der Tierarzt mich abtastet, in meinen Ohren bohrt und in mein Maul schaut. Als er meinen Bauch berührt, winsle ich auf.

„Ist es ernst?", fragt Florian bang.

„Nun, es könnte ernst werden", antwortet der Tierarzt. Er lässt sich genau aufzählen, wie ich ernährt werde und ob ich es immer warm genug habe. Dann erklärt er: „Max hat Fieber, Erkältungserscheinungen und eine Durchfallerkrankung. Es könnten erste

Anzeichen einer Staupe sein, aber das wollen wir nicht hoffen."

„Kann man etwas dagegen tun?", will Daniela wissen.

„Bei Welpen in diesem Alter ist es schwierig, weil man sie noch nicht impfen kann", klärt uns der Tierarzt auf. „Ich kann auch noch keine genauere Diagnose stellen. Max hat keine Muttermilch bekommen, deswegen fehlen ihm die nötigen Abwehrkräfte. Durch die allmähliche Umstellung auf normales Futter und sein Wachstum wird sein kleiner Körper sehr belastet. Das kann der Grund für seine Schwäche sein."

Der Vater berichtet: „Max' Mutter hatte zehn Welpen, es war die erste Geburt. Wir konnten ihr nur acht lassen, die kräftig genug waren. Der Letztgeborene ist schon nach wenigen Stunden gestorben, und Max war der Vorletzte."

„Dann hat er aber Glück und die richtige Pflege gehabt", lobt der Tierarzt meine Beschützer. „Es ist nicht einfach, einen solchen Welpen ganz ohne Mutter aufzuziehen. Aber er scheint ein zäher kleiner Bursche zu sein, wenn er bis jetzt durchgehalten hat."

Klingt ja, als wäre es mir die ganze Zeit schlecht gegangen – das ist mir aber nicht so vorgekommen. Mir schien alles ganz normal zu sein – bis auf meine Schwäche jetzt.

„Max ist aber doch ganz normal gewachsen und hat immer gut getrunken!“, beteuert Florian, der wohl dasselbe denkt wie ich.

„Nun, Hunde empfinden Leid anders als Menschen. Und dieser kleine Kerl hier hat sich instinktiv ans Leben geklammert. Ich glaube nicht, dass es ihm bisher bewusst war, wie dünn sein Lebensfaden ist“, erklärt der Tierarzt.

Nun gut, jetzt weiß ich es also. Und ich brauche Hilfe, das habe ich verstanden. „Wiff, was tust du nun Gutes für mich?“ Fragend schaue ich den Tierarzt an.

Der lächelt zu mir herunter. „Wir päppeln dich schon hoch, Mäxchen. Achtung, das pikst jetzt ein bisschen.“

„Wa-au!“ Ein bisschen? Der macht wohl Spaß! Wenn ich richtige Zähne hätte, würde ich ihn zwicken!

„Ist ja gut“, beruhigt mich Daniela.

„Das ist mehr der Schrecken“, behauptet der Tierarzt. Warte nur, wenn meine Zähne besser sind! Dann aber!

„Ich habe ihm eine Aufbauspritze gegeben. Ihr beide“, sagt der Tierarzt zu Daniela und Florian, „werdet ihm ein Spezialfutter von mir geben. Achtet darauf, dass er nichts anderes bekommt. Er darf in den Garten zum Spielen, aber nur unter Aufsicht. Haltet ihn immer trocken und warm. Morgen will ich Max noch mal sehen."

Was, dann muss ich wieder her? Auf keinen Fall! Da werde ich aber schnell gesund!

Die Spritze hat mich müde gemacht und ich schlafe auf Florians Arm ein.

Die ganze Nacht schlafe ich durch, und am Morgen habe ich richtig Hunger. Der Vater fährt mich schon ganz früh zum Tierarzt. Der ist mit mir zufrieden. Ich habe kein Fieber mehr und das Niesen hat auch aufgehört. Leider bekomme ich trotzdem noch mal eine Spritze.

Als die Zwillinge am Nachmittag heimkommen, bin ich schon wieder munter und hungrig. Ich habe einiges nachzuholen! Zur Belohnung darf ich dann mit in den Garten: mein erster Ausflug! Es ist warm und trocken und die Luft riecht aufregend nach jungen Blättern und Blumen.

Natürlich bin ich noch sehr tapsig. Ich laufe über das kurze Gras der Wiese und stolpere über jede kleine Unebenheit. Manchmal überschlage ich mich dabei sogar, weil ich meine Beine verwechsle, und dann lachen Daniela und Florian. Ich bin ihnen aber nicht böse, denn ich finde es ja selber lustig. Versuchsweise wirft Florian einen kleinen Ball, dem ich natürlich sofort nachsetzen will – aber schon falle ich wieder auf die Nase. Dabei schlackern meine Ohren über meine Augen und ich sehe nichts mehr. Ich glaube, meine Ohren wachsen schneller als ich. Ich versuche sie aufzustellen, aber das gelingt mir nicht.

Es bleibt mir nichts übrig, als schnell zu wachsen, dann wird alles leichter.

Der Garten ist sehr aufregend, da gibt es viele fremde Gerüche und interessante Stellen, an denen man buddeln kann. Leider darf ich nur raus, wenn auch einer meiner Menschenfreunde da ist. Vormittags ist die Mutter da, doch sie hat immer viel im Haus zu tun. Mittags, bevor die Zwillinge heimkommen, geht sie zur Arbeit. Der Vater ist zu unterschiedlichen Zeiten weg, manchmal kommt er sogar erst spätabends. Zusammen ist die Familie eigentlich nur am Morgen, das ist dann die schönste Zeit für mich. Am liebsten hätte ich sie immer alle um mich, aber das geht wohl nicht.

Wenigstens bin ich nie ganz allein, denn das würde mir überhaupt nicht gefallen. Inzwischen schlafe ich auch nicht mehr in der Küche. Seit ich krank war, fürchte ich mich davor, nachts allein zu sein. Die Mutter hat deshalb ein Körbchen für oben gekauft und ich darf abwechselnd bei Daniela oder bei Florian schlafen. Manchmal streiten sie, wer an der Reihe ist. Aber sie sind ja eh nie einer Meinung. Dabei haben sie sich gern, das kann ich spüren. Das will nur keiner von beiden zugeben.

Das würde uns Hunden nie passieren. Ich bin zwar bisher noch keinem Artgenossen begegnet, aber unsere Instinkte sind angeboren. Wenn wir uns mögen, zeigen wir das. Wenn wir uns nicht mögen, auch. Aber wir würden nie so tun, als ob wir uns nicht leiden könnten, obwohl wir uns mögen. Oder war's andersherum? Jetzt bin ich selbst schon ganz durcheinander gekommen. Das ist ja auch viel zu kompliziert! Ich bin mir sicher, dass auch meine Menschen da nicht immer durchblicken.

Irgendwie muss ich den Zwillingen mal erklären, dass das nichts bringt! Aber wahrscheinlich nehmen sie mich erst dann ernst, wenn ich älter bin. Wenn es nur schon so weit wäre!

Danielas Plan

Wieder einmal sitze ich im Wartezimmer beim Tierarzt. Inzwischen kenne ich mich hier schon sehr gut aus und habe keine große Angst mehr. Der Tierarzt ist immer sehr gut zu mir. Nur das Gemisch aus Angstgeruch und scharfen Reinigungsmitteln macht mich immer noch ganz unruhig. Nach so einem Besuch muss ich erst mal kräftig niesen, um die Nase wieder freizubekommen.

Diese häufigen Besuche sind notwendig, weil meine Krankheit jederzeit wiederkommen könnte und ich immer noch etwas schwach bin.

Meist holen die Zwillinge mich nach der Schule ab. Florian setzt mich in einen Korb, den er hinten auf dem Fahrrad befestigt hat, und wir radeln die wenigen Straßen bis zur Praxis. Das macht mir Spaß, denn ich habe frischen Wind um mich und es schaukelt lustig. Nicht so schlingernd wie im Auto, in dem mir immer noch schlecht wird. Ich genieße diese Fahrradfahrten, solange ich noch kann. In den letzten Wochen bin ich nämlich ordentlich gewachsen, und umfallen tu ich auch nicht mehr dauernd. Momentan sind meine Beine noch zu kurz, und ich habe nicht genug Ausdauer, um neben dem Fahrrad herzulaufen. Aber das wird sich bald ändern, und dann muss ich mich auf eigenen Füßen bewegen.

Im Wartezimmer hocke ich auf Danielas Schoß. Florian kann nämlich nicht stillsitzen. Er zappelt herum, steht auf, um sich etwas zu lesen zu holen, kommt zum Stuhl zurück, steht wieder auf ... so geht das die ganze Zeit. Darüber regt sich seine Schwester regelmäßig auf.

Während ich warte, übe ich meine Ohren aufrecht zu halten, um erwachsener auszusehen. Eines kann ich jetzt schon ein bisschen aufstellen, das andere aber ist immer schief oder knickt um. Das ärgert mich, weil ich dann wie eine Promenadenmischung aussehe. Ich bin aber ein reinrassiger Schäferhund.

Im Wartezimmer treffe ich die unterschiedlichsten Tiere. Flattervögel finde ich nicht besonders interessant. Sie sind klein, hektisch und piepsen dauernd irgendwelchen Unsinn, wie zum Beispiel: „Ich bin hier! Wo bist du? Komm doch her! Ich ruf dir zu-u!“

Katzen bin ich auch schon begegnet. Sie sitzen meistens in einem verschlossenen Korb und schauen durch die Sichtschlitze. Sie verhalten sich ruhig und geben sich vornehm. Ich habe mal eine angesprochen und sie hat mich angefaucht: „Vorlauter Bengel! Benimm dich gefälligst!"

„Ich wollte doch nur freundlich sein!", habe ich mich verteidigt.

Daraufhin miaute sie: „So spricht man eine Katze nicht an!"

Aha. Eine weitere Erklärung habe ich nicht bekommen. Dann lass ich das mit dem Ansprechen eben bleiben!

Manchmal warten Kinder mit Käfigen, in denen Kaninchen oder Meerschweinchen sitzen. Das sind lauter so Nager, die nichts anderes als Grünfutter im Kopf haben und alles kurz und klein raspeln, was sie zwischen die Zähne bekommen. Sie sind nicht sehr gesprächig.

Und dann sind da natürlich noch andere Hunde. Manche sind so klein, dass sie wie ich auf dem Schoß Platz haben. Sie mögen mich nicht. Wenn ich meine Nase schnuppernd in ihre Richtung strecke, fangen sie an zu keifen: „Bleib mir bloß vom Leib, du!" Sie hecheln und zittern und sind sehr aufgeregt. Das macht mich auch nervös.

Die großen Hunde beachten mich überhaupt nicht. Nur einmal war da ein junger Schäferhund, etwas über ein Jahr alt. „Du siehst vielleicht lustig aus!“, rief er. „Viel zu große Pfoten und Knickohren, wa-ha-ha!“

So ein Angeber! Bestimmt hat er in meinem Alter noch Schlappohren gehabt!

Was ich nach wie vor überhaupt nicht mag, ist dieser grässliche Behandlungstisch. Da fange ich immer an zu zittern, ich kann nichts dagegen tun.

„Hallo, Max“, begrüßt mich der Doktor. „Na, du siehst ja munter aus!“

Ich wedle mit dem Schwanz. „Heute wird es nicht schlimm, oder?“ Ich verhalte mich ruhig, als ich untersucht werde.

„Er ist schon drei Monate alt“, berichtet Florian voller Stolz, als wäre es allein sein Verdienst, dass ich bis jetzt durchgehalten habe. „Nun hat er das Schlimmste überstanden, oder?“

„Vermutlich“, nickt der Doktor. „Heute bekommt er seine ersten Impfungen gegen Tollwut, Staupe, Leberentzündung, Zwingerhusten und so weiter. In zwei Monaten machen wir eine Zweitimpfung und dann muss er hoffentlich nur noch einmal jährlich zu mir zur Kontrolle und Wiederholungsimpfung.“ Er streichelt meinen Rücken.

„Allerdings müsst ihr weiterhin gut auf Max achten“, fährt er fort. „Er wird nie so gesund und ausdauernd wie andere Hunde sein.“

Von wegen, warte nur, bis ich groß und stark bin und mein Bein zum Markieren heben kann! Dann wirst du aber staunen!

„Achtet vor allem darauf, dass er jetzt noch nicht zu viel springt und Treppen steigt. Schäferhunde neigen zu Hüftgelenkserkrankungen. Das ist ein Züchtungsproblem.“

„Weil der Rücken hinten so stark abfällt, nicht wahr?“, sagt Daniela eifrig. „Damit ist die Belastung auf dem Gelenk zu groß.“

„Ja, bedauerlicherweise haben die Züchter diesen so steil abfallenden Rücken als Schönheitsideal gesehen – auf Kosten der Gesundheit der Tiere“, bestätigt der Tierarzt. „Du beschäftigst dich wohl sehr viel mit Hunden?“

„Ja, ich würde später gerne Schäferhunde ausbilden. Max ist genau richtig zum Üben“, erzählt Daniela.

„Das stellt sie sich so vor“, spottet Florian. „Natürlich werde ich Max ausbilden, damit er die Eignungsprüfung auch wirklich schafft!“

„Du kannst das doch gar nicht!“, fährt Daniela ihn an.

„Ach, und weshalb nicht?“

„Weil du viel zu ungeduldig bist! Du kommandierst Max nur herum und wirst gleich sauer, wenn er nicht folgt!“

„Das ist nicht wahr!“

„O doch!“

„Na, streitet euch nicht“, wirft der Doktor belustigt ein. „Wie wäre es, wenn ihr beide Max ausbildet? Er hat bestimmt nichts dagegen. Wie ich den Kleinen kenne“, er streichelt über meinen Kopf, „mag er euch beide gleich gern. Da wird es ihm ohnehin am liebsten sein, immer mit beiden zusammen zu sein, denkt ihr nicht?“

„Wuff!“, stimme ich zu. Ein kluger Mann!

Dann bin ich froh, dass ich wieder vom Tisch darf. Ich bekomme ein Leckerli, weil ich brav war.

Meine beiden Menschenfreunde bekommen ein Papier überreicht. „Das ist der Impfpass von Max. Er gilt gleichzeitig als Gesundheitszeugnis, wenn ihr mit ihm ins Ausland fahrt. Hebt ihn immer gut auf und bringt ihn zu jeder Untersuchung mit.“

Damit sind wir endlich fertig. Beim Hinausgehen strecke ich meinen Leidensgefährten schadenfroh die Zunge heraus, weil ich schon alles hinter mir habe.

Auf dem Heimweg ist Daniela ziemlich schweigsam.

„Was ist denn los mit dir?", will Florian schließlich wissen. „Sonst laberst du mir doch andauernd die Ohren voll!"

„Ach, nichts", wehrt sie ab. „Kümmere dich um deine eigenen Angelegenheiten!"

„Ach herrje, ist die Prinzessin auf eine Erbse getreten?"

„Du nervst echt!"

Sie tritt in die Pedale. „Waff!", rufe ich. „Florian, mach schneller, ich will hinterher!"

Natürlich lässt er ihren Vorsprung nicht auf sich sitzen. Er prahlt immer damit, dass er viel stärker ist. Aber er muss ganz schön treten, um seine Schwester einzuholen. Mir gefällt das, wir sausen nur so dahin. Es weht meine Ohren nach hinten, die Sonne scheint und es ist warm. Hoffentlich darf ich anschließend gleich in den Garten!

Leider hat nur Florian Lust mit mir zu spielen. Wir toben eine Weile im Garten. Florian wirft ein Stöckchen, das ich wieder zurückbringe, ihm aber nicht gebe. Ich halte es mit meinen Zähnen fest und ziehe am einen Ende, Florian am anderen. Er schimpft: „Lass doch los! Aus!", und ich knurre ganz wild und schüttle heftig den Kopf. Dazu wedle ich aber mit dem

Schwanz, das bedeutet: Auch wenn ich jetzt knurre, mache ich nur Spaß. Das machen wir auch untereinander so, damit der andere weiß, dass es nicht ernst gemeint ist. Schwanzwedeln ist immer ein Zeichen von Freundlichkeit.

Ich habe das Stöckchenspiel am liebsten. Aber Florian ist nicht so ausdauernd. Deshalb lasse ich das Stöckchen los, bevor er aufgibt, gehe vorn breitbeinig in die Grätsche, stelle das Hinterteil steil hoch, wedle mit dem Schwanz und mache mein Spielgesicht. „Wiff! Na los, wirf doch! Bitte, nur noch einmal! Du wirfst und ich apportiere! Ja? Bitte!“ Damit kann ich ihn immer überreden weiterzuspielen.

Schließlich ist es Zeit fürs Abendessen und wir sind alle pünktlich um den Tisch versammelt. Ich habe meinen Napf in Sekundenschnelle leer, damit ich nichts von der Unterhaltung meiner Menschen verpasse. Ärgerlich ist nur, dass ich alles vom Boden aus verfolgen muss, weil ich nicht auf einen Stuhl oder Schoß darf. Andererseits aber bin ich dann schnell zur Stelle, wenn mal was runterfällt ...

Daniela ist die ganze Zeit über schweigsam, bis sie auf einmal ihre Mutter anspricht: „Hast du schon mal ein Mädchen beraten, das Hundeausbilderin werden wollte?“

Danielas Mama arbeitet nämlich in einer Einrichtung für Berufsberatung. Sie hat immer viel zu erzählen, aber leider verstehe ich davon meistens nur wenig.

„Ja, natürlich“, antwortet die Mutter. „Es gibt ja viele Züchtervereine, die –“

„Nein, das meine ich nicht“, unterbricht Daniela. „Ich rede von Polizeihunden.“

„Wie kommst du denn darauf?“, will der Vater wissen.

„Weil ich gern dasselbe machen würde wie du – bei der Hundestaffel arbeiten, die Hunde ausbilden und all so was“, antwortet meine Freundin.

Florian verzieht das Gesicht. „Aber das will ich doch werden! Musst du mir denn alles nachmachen?“

„Das hat überhaupt nichts mit dir zu tun!“, wehrt sich Daniela. „Es macht mir Spaß, mit Hunden zu arbeiten, und ich bin gut darin! Ich könnte so eine Ausbildung doch machen, oder, Mama?“

„Natürlich“, bestätigt die Mutter.

„Aber wir haben bei uns keine Frauen“, sagt der Vater. „Ich kann mich nicht erinnern, dass sich je eine Frau darum beworben hätte.“

„Dann wird es aber Zeit!“, ruft Daniela. „Oder hast du etwa was dagegen?“

„Aber nein, Dani, nun geh doch nicht gleich an die Decke“, beschwichtigt der Vater. „Ich kann dir nur keine Versprechungen machen! Es gibt ohnehin immer nur wenige Planstellen. Aber wenn du dich bewirbst und durch alle Tests kommst, hast du sicher dieselben Chancen wie jeder andere. Natürlich werde ich ein gutes Wort für dich einlegen, wenn es dir wirklich ernst ist.“

„Es geht mir darum, ob es überhaupt möglich ist“, murmelt Daniela.

„Deine Chancen werden trotzdem sinken, wenn ich mich ebenfalls bewerbe“, wirft Florian ein. „Dann bin ich ja mal gespannt, wem sie den Vorzug geben.“

„Dem Besseren“, versetzt die Schwester schnippisch.

„Wau!“, rufe ich von unten. „Kann ich dann auch zur Polizei? Wenn ihr beide hinwollt, muss das ja eine tolle Sache sein!“

So ein Unglück!

Seit einigen Tagen habe ich es noch besser als sonst. Florian und Daniela haben Ferien und damit viel Zeit für mich. Das Wetter ist schön und die Zwillinge gehen oft mit mir spazieren.

Inzwischen darf ich auch neben dem Fahrrad herlaufen. Da hängt mir die Zunge immer ganz schön weit raus! Aber die Bewegung macht mir viel Spaß. Natürlich laufe ich mit dem Fahrrad nur dann mit, wenn es nicht zu heiß draußen ist. Die beiden machen oft Pausen, damit ich mich erholen und ein wenig schnuppern kann. Für uns Hunde ist das sehr wichtig. Obwohl wir gut sehen und hören können, ist die Nase für uns am wichtigsten. Als Schäferhund habe ich einen besonders guten Geruchssinn. Wie unsere wilden Vorfahren auch laufe ich auf dem Weg immer vor und zurück, um hier und da eine Nase voll zu nehmen. Das ist für mich wie Fernsehen für die Menschen. Ich lerne dabei auch sehr viel über meine Umwelt – und meine tierischen Nachbarn.

Leider muss ich an die Leine, wenn wir nicht im Park, sondern auf der Straße fahren. Aber ich habe schnell gelernt nicht daran zu zerren oder mich dagegen zu stemmen. Daniela hat viel mit mir geübt, das hat Spaß gemacht. Wenn ich brav neben ihr gehe, bekomme ich ein Leckerli und Streicheleinheiten. Da bin ich natürlich doppelt aufmerksam. Außerdem will ich ja wie Daniela zur Polizei. Wenn ich mich dumm anstelle, nimmt sie mich bestimmt nicht mit.

Florian spielt lieber mit mir und versucht mir Kunststückchen beizubringen. Er will, dass ich auf Kommando Pfötchen gebe oder im Garten nach einer bestimmten Reihenfolge über Hindernisse springe. Anfangs habe ich das natürlich nicht verstanden, weil das doch eigentlich keinen Sinn hat.

Da hat Florian es mir vorgemacht – und ich habe mich auf dem Boden gewälzt vor Lachen. Einfach zum Jaffen: Ein Zweibeiner, der versucht einen Vierbeiner nachzumachen! Als er dann über ein Hindernis springen wollte, ist er auch noch mit einem Fuß hängen geblieben und hingefallen. Er war ziemlich wütend. Ich habe ihn damit versöhnt, dass ich sein Gesicht sauber geleckt habe – und dann gesprungen bin. Natürlich viel eleganter und besser als Florian. Erst danach bin ich hingeplumpst, als ich mich nach ihm umgedreht und nicht darauf geachtet hab, wohin ich laufe. Irgendwie bin ich in ein Loch getapst, wahrscheinlich von einer Wühlmaus, und bin mit den Vorderbeinen durcheinander gekommen. Da hatte Florian auch was zu lachen. Anschließend gab es dann noch ein Stöckchenspiel. Das macht immer am meisten Spaß.

Die beiden halten mich also ganz schön auf Trab – vorausgesetzt, es ist schönes Wetter. Wenn es regnet, haben sie überhaupt keine Lust etwas zu unternehmen, und ich kann sehen, wo ich bleibe.

In letzter Zeit hat es ziemlich viel geregnet und wir können nicht nach draußen zum Spielen. Ich glaube, die Eltern sind darüber nicht ganz glücklich. Denn ich langweile mich im Haus und suche nach Beschäftigung: Ich verstecke Socken, kaue auf einem Stuhlbein oder buddle in der Ecke hinter dem Sofa, um meine Schätze dort zu vergraben.

„Wie lange bleibt der Hund noch hier?", verlangt Danielas Mutter genaue Auskunft vom Vater. „Er wird immer größer und hat nichts als Blödsinn im Kopf. Ich habe den Eindruck, dass er unterfordert ist. Normalerweise müsste doch jetzt seine Ausbildung anfangen, oder?"

„Wenn die zweite Impfung erledigt ist, kann ich ihn ja mal vorstellen“, verspricht der Vater. „Aber mach dir lieber keine allzu großen Hoffnungen. Die Anforderungen sind streng, und Max ist noch nicht so weit.“

Das verstehe ich nicht. Ich bin mit meinen fünf Monaten gut gewachsen und habe ein dickes Plüschfell. Zugegeben, meine Ohren stehen immer noch nicht richtig. Aber alle Freunde der Zwillinge sagen, dass ich inzwischen wie ein richtiger Schäferhund aussehe und sehr hübsch bin mit meiner schwarzen Gesichtsmaske. In den nächsten Monaten wachse ich noch mal ein paar Zentimeter in die Höhe, und dann streckt sich allmählich mein Körper und verliert seine Rundungen.

Das ist auch genau der Grund, warum ich immer nach einer Beschäftigung suche: Damit ich mich gut entwickle und zur Polizei darf. Nur deswegen stelle ich so viel an. Ehrlich.

Es ist aber nun mal so, dass ich auch bei Regen irgendwann rausmuss. Ich habe inzwischen gelernt, dass ich mein Geschäft auf dem Spaziergang draußen erledigen muss. Haus und Garten kommen dafür nicht infrage. Jedesmal, wenn ich Anzeichen machte, ist sofort jemand mit mir nach draußen gegangen. Und zwar ziemlich schnell, damit wir rechtzeitig die Grünfläche mit den vielen Büschen erreichen. Unmittelbar in unserer Straße gibt es nämlich keine Möglichkeit. Durch die viele Übung habe ich begriffen, dass es besser ist, rechtzeitig zu melden. Dann bekomme ich ein Lob anstelle von Ärger, und das ist natürlich viel besser. Wir Hunde sind ja nicht dumm. Wenn wir etwas begriffen haben und es uns nicht schadet, tun wir das auch weiterhin, genau so, wie die Menschen es sich wünschen. Und zwar innerhalb kürzester Zeit! Und Gassigehen hat auch noch andere Vorteile: Ich markiere mit meinem Geschäft meine Bäume und kann gleichzeitig die Nachrichten der anderen Hunde lesen.

Nun regnet es aber schon seit ewigen Zeiten und niemand denkt an mich. Ich gehe zu Daniela und stupse sie mit der Nase an. Sie liegt in ihrem Zimmer auf dem Bett, liest in einem Buch und beachtet mich nicht. Ich drücke ihre Hand mit der Schnauze energisch beiseite, pflanze meinen großen Kopf auf das Buch und schaue sie aus braunen Augen an. Noch eindeutiger kann ich nicht um Aufmerksamkeit bitten.

„Ach, Max, geh zu Florian", wehrt sie mich ab.

Was, sie widersteht mir? Na schön. Es ist mir ja im Grunde gleich, wer mit mir geht – Hauptsache, ich komme raus!

Florian sitzt in seinem Zimmer vor dem Fernseher und macht ein Spiel. Der Kasten gibt dabei merkwürdig klingelnde und knallende Töne von sich und wenn etwas schief geht, schimpft Florian laut. Ich habe anfangs mal eine Weile dabei zugeschaut, aber ich finde das stinklangweilig. Wieso spielt er mit dem Fernseher, wenn ich da bin? Das ist doch viel lustiger!

Da ich bei Daniela mit einfachem Nasenstupsen nicht weitergekommen bin, werde ich bei Florian noch deutlicher. Im Flur liegt meine Leine, gleich neben den Schuhen ... mhmm ... wenn ich nicht so dringend rausmüsste, würde ich mir die mal genauer anschauen. Einige duften ja sehr verlockend nach Leder. Es müsste interessant sein, darauf zu kauen. Aber später! Jetzt nehme ich die Leine zwischen die Zähne und setze mich damit demonstrativ direkt vor Florian. Er hockt auf dem Boden und ich bin inzwischen schon groß genug, dass er mich nicht einfach übersehen kann.

„Max, du Blödmann, geh aus dem Bild!",

wettert mein Herrchen. Der Fernseher bimmelt und macht „bäääh". Florian schlägt sich mit der Hand an die Stirn. „O Mann, das gibt's doch nicht! Wegen dir bin ich kurz vor dem Ziel rausgeflogen! Jetzt kann ich von vorne anfangen!" Mit einer heftigen Handbewegung scheucht er mich weg.

Also, jetzt reicht's mir. Ich bringe freiwillig die Leine an und die beiden kapieren immer noch nichts? So nicht!

Außerdem kann ich's mir nicht mehr länger verkneifen. Bei erwachsenen Hunden mag das vielleicht gehen, aber ich bin ein Junghund. Wir müssen nun mal öfter. Wo gehe ich hin? Dorthin, wo man am schnellsten riecht, was los ist! Ins Wohnzimmer, in die Ecke neben der Küche!

Ich laufe ins Wohnzimmer. Dort ist niemand. Die Eltern rumoren irgendwo im Keller. Meine letzte Rettung, die Tür zum Garten, ist geschlossen. Draußen gießt es in Strömen. Soll ich mit der Leine zu den Eltern gehen? Nein, Daniela und Florian sind Frauchen und Herrchen. Und ich kann nicht mehr länger warten. Ich kauere mich in die Ecke.

In diesem Moment kommt die Mutter herein und sieht mich. O weh, o wau, ihr Gesichtsausdruck verheißt nichts Gutes! Da gehen gleich meine Ohren runter. Ich verdrücke mich lieber und schleiche zu meinem Platz in der Küche.

„Florian! Daniela! Kommt sofort ins Wohnzimmer!“ Die Stimme der Mutter klingt so energisch, dass die beiden sofort in der Tür stehen. Normalerweise brauchen sie länger, um sich überhaupt zu einer Antwort zu bequemen.

Ich bleibe lieber, wo ich bin. Es hat ja auch niemand nach mir gerufen.

„Schaut euch das an!“, höre ich die Mutter schimpfen. „Da seid ihr zu zweit, und keinem von euch fällt es ein, mit dem Hund rauszugehen! Wie stellt ihr euch das vor?“

„Dein Hund hat schon wieder reingemacht!“, wirft Florian seiner Schwester vor.

„Ach, auf einmal ist es mein Hund!“, gibt sie wütend zurück. „Du warst doch an der Reihe mit ihm zu gehen!“

„Nein, du!“

„Ruhe!“, donnert die Mutter. „Ihr habt beide eure Pflicht vernachlässigt! Dementsprechend macht ihr beide jetzt hier sauber, aber so, dass ich keinen noch so kleinen Fleck mehr sehe! Und dann geht ihr auf einen schönen, langen Spaziergang mit Max!“

„Bei dem Regen?“, ruft Florian entsetzt.

„Darüber hättest du nachdenken sollen, bevor du die Verantwortung für einen Hund übernommen hast!", sagt die Mutter streng. „Und das gilt genauso für dich, Daniela: Ein Tier ist kein Stoffspielzeug, das man einfach in die Ecke wirft, wenn man es nicht mehr will! Max ist ein Lebewesen mit Bedürfnissen, die er nicht einfach vergessen kann! Er braucht rund um die Uhr Pflege, Auslauf, Nahrung! Verantwortung zu übernehmen heißt nicht Spiel und Spaß, wenn man gerade Lust hat!"

„Tut mir Leid, Mama", höre ich Daniela zerknirscht murmeln. „Es wird nicht wieder vorkommen."

„Das will ich hoffen!" Ich höre, wie die Mutter wieder in den Keller geht.

„Max, du bist wirklich ein Schwein!", beschimpft mich Florian, als er zu mir in die Küche kommt.

„Was kann ich denn dafür, wenn du nicht mit mir rausgehst?", kläffe ich zurück.

„Lass es jetzt nicht an dem Hund aus!", mahnt Daniela. „Max hat keine Schuld."

„Ach, dann hat er den Haufen dort nicht hingesetzt?"

„Er hat gemeldet, oder nicht? Zumindest war er bei mir, aber ich dachte, er wollte spielen. Ich habe ihn zu dir geschickt."

Ich sehe, wie Florian rot wird. „Äh ... das war er auch ..."

Daniela seufzt. „Na siehst du. Mama hat schon Recht. Machen wir jetzt lieber alles sauber, bevor sie den nächsten Anfall kriegt."

„Okay."

Ich bleibe im Körbchen liegen, bis die beiden fertig sind. Als Florian dann aber mit der Leine kommt, springe ich winselnd und schwanzwedelnd auf. Wie schön, endlich darf ich raus! Und ich liebe den Regen, denn er verteilt die Gerüche noch besser, es ist alles irgendwie intensiver. Mit meinem dicken Fell macht es mir gar nichts aus, durch die Unterwolle gelangt kein Tropfen auf die Haut. Daniela und Florian haben leider keinen Pelz, aber sie können sich ja mit Kleidung schützen.

Fröhlich nehme ich Kurs auf den Park. Nachdem ich so lange warten musste, will ich jetzt wirklich ausgiebig herumstöbern!

Und wenn wir zurück sind, werde ich mich mal genauer den Schuhen im Flur widmen!

Die Heldentat

Endlich scheint wieder die Sonne! Daniela und Florian machen ausgedehnte Ausflüge mit mir. Statt in den Park oder in die Stadt fahren wir mit den Rädern weit raus und über Feldwege zum Wald. Dort gibt es schöne Plätze für ein Picknick und ich kann in einem Bach plantschen. In den Bäumen springen Eichhörnchen herum. Einmal kommt eines ziemlich weit herunter. Ich hüpfe am Baumstamm hoch und schnappe nach ihm, aber es saust blitzschnell nach oben und dreht mir eine lange Nase.

„Dummhechler, Dummhechler!“, verhöhnt es mich. „Du wirst es nie lernen, auf Bäume zu klettern!“

Ja, das ärgert mich. In dieser Hinsicht beneide ich die Katzen. Leider geben sie damit ganz schön an. Das zahle ich ihnen aber heim, indem ich sie einfach auf Bäume oder Mauern jage und dann so tue, als ob ich mich unten auf die Lauer lege. Natürlich ist das Katzenjagen nur Spaß. Ich würde ihnen nie etwas tun. Es liegt uns Hunden einfach im Blut, obwohl ich schon davon gehört habe, dass Hunde und Katzen auch Freundschaft schließen können. So weit bin ich aber noch nie gekommen. Wenn ich mich einer Katze mal freundlich nähere, habe ich bisher immer eins auf die Nase bekommen. Dann bleiben wir eben beim Jagdspiel!

Eines Morgens aber verkündet Florian, dass es wieder einmal Zeit für einen Besuch beim Tierarzt ist. Ich brauche meine zweite Impfung.

Den Weg dorthin kenne ich inzwischen schon auswendig. Trotzdem laufe ich brav an der Leine.

Heute sind nicht viele Leute da. Mir gegenüber sitzt ein junger Mann mit einem Glaskasten. Ich kann nicht erkennen, was darin ist, und empfange auch keine Witterung. Was das wohl Seltsames ist?

Ich würde ja gern näher hingehen, aber da werde ich schon aufgerufen.

„Na, du bist ja schon ein ganz schön schwerer Brocken“, stellt der Tierarzt fest, als er mich auf den Tisch wuchtet. Bedauerlicherweise bin ich jetzt auch zu groß, um auf dem Schoß sitzen zu können. Da habe ich es nicht erwarten können zu wachsen und nun muss ich unten bleiben!

Wie immer verhalte ich mich während

der Untersuchung still. „Es sieht alles gut aus, Max“, lobt er mich. „Saubere Ohren, ein glänzendes Fell. Das endgültige Gebiss hat sich sehr gut entwickelt. Gelenkbeschwerden gibt es auch keine. Wie steht es mit der Ausdauer?“

„Wir passen auf, dass er sich nicht überanstrengt“, berichtet Daniela. „Er braucht viele Pausen, wenn wir mit dem Rad unterwegs sind.“

Das stimmt leider. Mir geht einfach die Puste aus, ich weiß nicht, warum. Dann muss ich mich hinsetzen und hecheln, bis ich mich wieder erholt habe.

„Und mit dem Futter müssen wir auch aufpassen“, fährt Florian fort. „Sonst will er alle paar Minuten raus.“

Auch das ist nur zu wahr. Vor ein paar Tagen erst habe ich ein Stück verlockend duftenden Schweinebraten aus der Küche stibitzt – und es bitter bereut. Speiübel ist mir geworden, wie beim Autofahren. In meinem Bauch rumpelte und rumorte es, als wäre ich selbst ein Auto. Am Abend hat mir nicht mal mein Futter geschmeckt. Beim Spaziergang habe ich dann Gras und Kräuter gefressen, um alles Schlechte in meinem Magen loszuwerden. Ist das nicht ein Jammer? Damit habe ich meinen Diebstahl nicht nur selbst verraten, der gute Braten war auch umsonst verschlungen.

Daniela hat mit mir geschimpft und gesagt, dass ich kein Schweinefleisch essen darf. Auch nicht, wenn es gut gebraten ist, was für andere Hunde an sich kein Problem darstellt. Meine Artgenossen haben mir das erzählt, wenn ich sie beim Gassigehen treffe. Ich bin wohl wieder mal die Ausnahme.

Zum Glück hat ihre Mutter nichts mitbekommen. Florian hat gesagt, er habe die Scheibe gegessen.

„Ich habe euch ja gesagt, dass Max immer besonders betreut werden muss", sagt der Doktor.

„Aber wir können doch jetzt anfangen ihn für die Prüfung zu trainieren, oder?", will Florian wissen.

Ich schaue dem Tierarzt fest in die Augen. Dass er jetzt bloß nichts Verkehrtes sagt!

„Soll er immer noch zur Polizei?"

„Offiziell gehört er der Staffel. Und Max ist sehr intelligent. Er lernt schnell und eifrig."

„Dann versucht es. Aber fangt das Aufbautraining langsam an. Max wird sich nicht schonen, deshalb müsst ihr auf ihn achten."

Damit bin ich entlassen. Wenn ich nicht wieder krank werde, brauche ich erst in einem Jahr die nächste Impfung und Wurmkur. Ich weiß zwar nicht genau, was das für ein Zeitraum ist, aber so, wie Florian und Daniela darüber reden, muss es noch sehr lange hin sein. Zum Glück! Der Tierarzt ist nett, aber den Gestank hier hält meine arme Nase einfach nicht aus.

Als wir das Behandlungszimmer gerade verlassen, geht im Warteraum ein großes Geschrei los. Sogar der Doktor stürzt sofort hinter uns her.

„Was ist hier los?", will er wissen.

Im Warteraum herrscht ein riesiges Durcheinander. Die Menschen stehen auf den Stühlen, ihre Tiere im Arm. Die großen Hunde, die keinen Platz auf den Armen haben, bellen wie verrückt. Der junge Mann mit dem Glaskasten, den ich vorhin schon beobachtet habe, kriecht auf dem Boden herum und guckt in alle Ecken.

„Der Kerl hat eine Schlange dabei und sie ist entwischt!", kreischt eine Frau. Sie hat graue Haare und einen rosafarbenen Zwergpudel, dessen schrilles Gekeife in den Ohren klingelt.

„Es tut mir schrecklich Leid, ich weiß nicht, wie das passiert ist", stammelt der junge Mann. „Aber Lotti ist harmlos, sie hat sich bestimmt nur verkrochen ... sie hat mehr Angst vor Ihnen als umgekehrt ...“

„Erzählen Sie das sonst wem!“, zetert die alte Frau.

Die anderen schweigen, sie haben ganz blasse Gesichter.

„Was ist das, eine Schlange?“, frage ich Rolf, einen irischen Setter.

„So ‘n Schuppengewürm ohne Beine, lang und dünn, zischt und beißt“, werde ich aufgeklärt. „Gleitet überall durch, ist sehr schwer zu erwischen. Ich hab leider nicht gesehen, wohin es verschwunden ist.“ Er prustet verächtlich durch die Lefzen. „Lotti nennt er dieses Ringelvieh! Auf so was kommen auch nur Menschen!“

Inzwischen kriechen auch der Tierarzt und seine Helferin zusammen mit dem jungen Mann auf allen vieren auf dem Boden herum.

„Florian, Daniela, geht jetzt lieber mit Max“, fordert der Doktor uns auf. Da kennt er aber meine Freunde schlecht!

„Kommt gar nicht infrage, wir suchen mit!“, sagen sie einstimmig.

„Nein, geht besser!“

„Ist es denn eine Giftschlange?“, fragt Daniela.

„Aber nein ... sie ist eine Natter, etwa

einen halben Meter lang und gestreift“, antwortet der junge Mann verstört.

„Los, Max, du suchst auch!“, befiehlt Florian.

Aber gern! Wenn ich nur wüsste, wonach ich suchen soll! Eifrig schnuppere ich auf dem Boden herum und versuche eine Nase voll Käfiggeruch aufzunehmen. Aber so eine Schlange riecht wohl nicht sehr intensiv.

„Wollen Sie denn nicht mal nach Ihrer Schlange rufen?“, schimpft die alte Frau. „Wenn Sie so ein gemeingefährliches Tier schon in der Wohnung halten!“

„Schlangen sind leider ziemlich taub, deshalb hat das nicht viel Sinn“, wird sie von dem Besitzer belehrt. „Sie reagieren nur auf Erschütterungen.“

„Ich glaube fast, sie ist nicht mehr im Wartezimmer.“ Meine Freunde untersuchen jeden Winkel.

Ich denke das auch nicht. Die meisten verfolgten Tiere verstecken sich. Ich weiß ja nicht, wie intelligent Schlangen sind, aber bestimmt besitzen sie einen Fluchtinstinkt. Und wenn sie ohnehin abhauen wollte, wird sie sich nicht gerade hier im Warteraum verstecken, wo sie leicht gefunden werden kann. Vom Warteraum aus geht es zwei Stufen nach unten, dann rechts zum

Behandlungsraum und links zu drei Zimmern, die ich nicht kenne.

Mit der Nase am Boden gehe ich die Stufen hinunter. Am besten wird sein, ich fange in den offenen Zimmern an.

Leider stören mich die Menschen dabei. Sie rennen aufgeregt durch die Räume und suchen nach Lotti. Dabei machen sie so viel Lärm, dass das selbst eine taube Schlange verrückt machen würde.

Ich an Lottis Stelle würde mich in einer dunklen Ecke verstecken, wo es still und einsam ist. In einem Zimmer stehen viele Käfige, mit Hunden oder Katzen darin. Sie schlafen oder schauen mich aus trüben, leeren Augen an. Hier stinkt es ganz entsetzlich nach Reinigungsmitteln und Krankheit. Ich muss niesen und schüttle mich. Hier ist Lotti bestimmt nicht!

Die Tür des Raums nebenan ist nur angelehnt, ich kann sie leicht aufdrücken. Hier stehen eine Menge Geräte, die Wände sind mit Regalen voll gestellt, es ist unübersichtlich, warm und dunkel. Ein guter Platz für ein Versteck, finde ich.

„Such, Max, such!", ruft Florian aus irgendeiner anderen Ecke.

„Mensch, Flo, das hat er doch nicht gelernt!", sagt Daniela.

Von wegen! Das Suchen und Aufspüren liegt uns im Blut, dazu brauchen wir keinen besonderen Unterricht.

Ich lasse mich also nicht weiter ablenken. Ich bin sicher, dass die Schlange hier irgendwo ist. Mit meiner Nase stöbere ich in all den engen Ritzen und Spalten. Dann schnellen meine Ohren plötzlich nach vorne. Habe ich da etwas gehört? Ich wittere heftig, bekomme aber nur Staub in die Nase. Bloß nicht niesen! Das könnte die Schlange vertreiben ...

Ich scharre mit der Pfote unter einem Regal. Leider ist es dunkel, ich kann nichts erkennen. „Wuff!" Komm schon! Ich weiß doch, dass du da unten bist!

Da, ein leises Zischen! Ich habe Recht gehabt! „Los, komm raus!"

Hastig schaue ich um das Regal. Die Schlange kann nicht einfach davon. Wenn ich schnell bin, erwische ich sie mit der Pfote. Ich mache mich so flach wie möglich und strecke eine Pfote aus.

Wieder das Zischen! Es klingt unheimlich.

„Mach schon!", winsle ich ungeduldig.

„Achte auf deine Nase!", zischt es plötzlich verständlich.

Die Stimme der Schlange ist sehr hoch, aber irgendwie auch heiser. „Ich beissssse dich, wenn du michchchch nicht in Ruhe lässsssst!“

„Aber du bist ja gar nicht giftig“, erwidere ich kühn. „Komm raus!“

„Lasssss mich in Ruhe!“, zischt Lotti.

„Das geht nicht, sie suchen dich. Warum bist du ausgerückt? Gefällt es dir nicht bei deinem Menschen?“

„Sst! Das wirssssst du nie begreifen, Schuhlecker. Ich will in die Freiheit.“

„Was, hier? Mitten in der Stadt? Du hast doch nicht mehr alle Schuppen am Kopf! Entweder überfährt dich ein Auto oder eine Katze fängt dich!“

„Darauf musssss ich esss ankommen lassen.“

„Die Menschen bringen dich um, wenn sie dich finden, und das werden sie!“ Ich drehe den Kopf. Was soll ich jetzt tun? „Lotti, du hast keine Freunde, außer deinem Herrchen“, versuche ich der Schlange gut zuzureden. „Sie werden dich töten, glaub mir! Kein Tier darf einfach frei bei den Menschen herumlaufen! Das gilt sogar für die Flattervögel! Und die Menschen haben ziemliche Angst vor dir, da reagieren sie immer gleich heftig!“

„Ich ergebe michchch nicht“, beharrt Lotti. „Verschwinde!“

„Tut mir Leid, das kann ich nicht.“ Ich schaue zur Tür. Niemand ist in der Nähe. Also muss ich Laut geben. „Wau-wau-wau! Wu-uhh! Florian, Daniela! Hier ist Lotti! Ich hab sie gefunden!“

„Hört mal, Max meldet!“, ruft Daniela.

Sie kommen alle zu mir. Ich bewache immer noch das Regal.

„Lotti, mach keinen Blödsinn! Komm jetzt raus da!“, winsle ich. Vor Aufregung muss ich hecheln.

„Verräter!“, zischt sie zornig. „Aber von einem wie dir kann man nichtsss anderesss erwarten.“

Lottis Herrchen ist mit seinem Kasten schon da. Bevor ich schauen kann, hat er die Natter unter dem Regal hervorgezogen. Sie reißt das Maul auf und ringelt sich um seinen Arm. Gleich darauf ist sie sicher verstaut.

Der Doktor tätschelt mir den Kopf. „Na, Max, da hast du jetzt aber eine große Belohnung verdient!“, lobt er mich. „Du hast deine Sache sehr gut gemacht! Vielleicht wird ja doch ein Polizeihund aus dir!“

Der Doktor hält es also nicht für ausgeschlossen. Warum soll ich es auch nicht schaffen? Meine Eltern sind schließlich beide Polizeihunde.

Familientreffen

Zu Hause erzählen Florian und Daniela abwechselnd von unserem Abenteuer beim Tierarzt.

„Max hat gleich gewusst, was wir von ihm wollen!“, berichtet Florian. „Und er hat die Schlange auch ganz schnell gefunden!“

„Ihr hättet die Leute sehen sollen!“, kichert Daniela. „Sie haben herumgekreischt und sich vor dem armen Vieh geekelt! Dabei war es eine harmlose Natter, die man problemlos in einem Terrarium halten kann.“

„Der Besitzer musste jedenfalls nicht mehr warten, er kam gleich als Nächster dran“, prustet Florian. „Ich hätte ja zu gern gesehen, was die für Gesichter gemacht haben, als er wieder rausgekommen ist!“

Sein Vater lächelt. „Das wäre nicht der erste Einsatz dieser Art gewesen, zu dem wir gerufen werden“, sagt er. „So etwas kommt gar nicht so selten vor.“

„Wirklich?“ Danielas Augen leuchten auf. „Das klingt ja toll!“

„Nun, es ist natürlich nicht jeden Tag so

aufregend. Andererseits geht es manchmal ganz schön hart zur Sache."

„Sag mal, dürfen wir nicht demnächst mal mitkommen und Max vorstellen?", bittet Florian.

Sein Vater überlegt. „Na schön", gibt er dann nach.

„Wuffie!", belle ich. Dann geht mein Wunsch endlich in Erfüllung! Ich darf zur Polizei!

Ich freue mich so sehr, dass ich sogar die Autofahrt beinahe genieße. Vielleicht gewöhne ich mich allmählich daran. Danielas Papa hat mir hinten einen bequemen Platz eingerichtet, auf den ich auch als ausgewachsener Hund noch passe. Damit ich bei einer plötzlichen Bremsung nicht nach vorne purzle, ist ein stabiles Gitter eingebaut worden. Wenn ich allein im Auto warte, verbelle ich vorsorglich jeden, der zu nahe kommt. So weiß er gleich, dass er an unseren Sachen nichts zu suchen hat!

Als wir aussteigen, umweht mich gleich der Geruch vieler Hunde. Da ist ein großes Gelände, umgeben von eingezäunten Wiesen und Feldern, mit einigen Gebäuden in der Mitte. Neben den Gebäuden stehen die Zwinger, große Drahtgitterboxen. Dort halten sich die Hunde auf, wenn sie nicht zur Arbeit oder zum Training müssen.

Nicht alle sind Schäferhunde. Am liebsten würde ich gleich zu den Zwingern hinrennen, aber Florian hält mich an der Leine. Ich bin so aufgeregt, dass ich am ganzen Körper zittere.

Ein großer, kräftiger Mann kommt uns entgegen, der zuerst den Vater und dann die Zwillinge begrüßt. Zuletzt nimmt er mich in Augenschein.

„So, du bist also der kleine Max", sagt er. „Du bist ja ein hübscher Bursche geworden!"

Ich wedle freundlich. „Danke schön! Ich bin auch immer brav!"

Er lacht. „Und lebhaft noch dazu. Du kannst es wohl gar nicht mehr erwarten? Na, dann komm mal mit."

Die Hunde in den Zwingern führen sich auf wie die Wilden. Sie bellen alle durcheinander, sodass ich kein Wort verstehen kann. Das macht mich ganz unruhig, ich bewege hektisch meinen Kopf und ducke mich. Junghunde werden von Erwachsenen nicht unbedingt immer willkommen geheißen, vor allem nicht von Hündinnen.

Wir gehen an den Gebäuden vorbei, und dahinter gibt es zwei große, eingezäunte Freilaufgehege und ein paar Hundehütten.

Der Mann pfeift und ruft: „Cara! Komm!“

Aus einer Hütte kommt ein großer, schlanker Schäferhund mit einer schwarzen Gesichtsmaske herbeigelaufen. Auch in das Gehege nebenan kommt Bewegung – dort stehen auf einmal ein sehr großer, bulliger Hund mit heller Gesichtsmaske und drei kleinere Junghunde in meinem Alter. Auch sie haben helle Gesichter.

Der Mann holt Cara und nimmt sie an die Leine. „Da, schau! Das ist einer deiner Söhne. Was sagst du zu ihm?“

Das ist meine Mama? Ich bin ganz schön aufgeregt! Vorsichtig strecke ich meine Nase vor, um sie zu beschnüffeln. Ihr Geruch hat etwas Vertrautes, das mir gut gefällt.

Doch ihre Rückenhaare stellen sich auf. „Du riechst nicht wie eines meiner Kinder“, sagt sie zu mir.

„Aber du bist trotzdem meine Mama“, erwidere ich. „Sie haben mich dir weggenommen, weil du nicht genug Milch für uns alle hattest. Weißt du das nicht mehr?“

Sie überlegt. „Es war eine schwere Geburt, ich war sehr erschöpft. Mein erster Wurf ... ja, es waren sehr viele Kinder. Und du bist eines davon?“

„Ja, ich bin Max. Ich wurde von Menschen aufgezogen.“

„Das kann ich riechen. Du bist ein bisschen schwächlich, stimmt's?"

„Nein, ganz und gar nicht!"

„Ich wollte dich nicht kränken. Aber schau nach nebenan, da siehst du ein paar deiner Wurfgeschwister neben deinem Vater stehen. Du kannst riechen, dass sie kräftiger sind als du."

„Komm mal her, du!", bellt Papa. „Lass dich anschauen!"

Ich weiß nicht so recht. Er sieht wirklich sehr gefährlich aus. Ich zucke zusammen, als ich Mamas Schnauze plötzlich an meiner Wange spüre. Zaghaft wedle ich mit der Schwanzspitze. Ich bin traurig, weil ich ein Fremder bin und nicht so recht weiß, wie ich mich meiner Familie gegenüber verhalten soll.

„Brav, Cara", sagt der Mann. „Der kleine Max ist ein lieber Kerl."

„Du bist wirklich wohlerzogen", stellt Mama fest.

Das liegt nur daran, weil Florian mich so kurz an der Leine hält. Ich wäre nämlich viel lieber herumgesprungen und hätte alle zu einem Spiel aufgefordert.

„Ich gebe mir Mühe", hechle ich.

„Du hast lustige Ohren", setzt sie unnötigerweise hinzu.

Ich deute mit der Pfote auf meine Geschwister. „Die haben aber auch noch schiefe Ohren."

„Nicht ganz so", lacht Mama.

„Darf Max zum Zaun?", fragt Florian.

„Ja, sicher", nickt der Mann. „Rüden sind Junghunden gegenüber normalerweise freundlich. Deshalb wohnt ein Teil seiner Kinder jetzt bei ihm. Er bringt ihnen das richtige Rudelverhalten bei und sorgt für die nötige Ausgeglichenheit bei der Ausbildung. Boris ist ein richtiger Veteran, er hat schon eine Menge Welpen mit aufgezogen."

„Wo sind denn die anderen Geschwister von Max?", erkundigt sich Daniela.

„Verkauft. Sie haben die Eignungstests gut bestanden und werden anderswo eingesetzt. Boris und Cara sind ein gutes Gespann, alle Nachkommen zeigen bis jetzt eine hervorragende Veranlagung."

„Max auch!", stimmt Daniela zu. Sie erzählt in kurzen Worten von unserem Erlebnis mit der Schlange. „Außerdem lernt er sehr schnell."

„Er wird die Prüfung bestimmt schaffen!", fügt Florian eifrig hinzu.

„Was für eine Prüfung?", fragt der Mann erstaunt.

„Na, die als Schutzhund!", antwortet

Daniela verwirrt. „Er soll doch zur Polizeistaffel!“

Der Mann schaut ihren Vater an. Dann lacht er. „Diese halbe Portion? Das schafft er nie im Leben!“

„Aber woran sehen Sie das denn?“, will Florian empört wissen. „Die anderen sind doch auch nicht größer!“

„Die Größe ist nicht allein entscheidend“, beschwichtigt der Mann. „Ich bilde schon sehr lange Hunde aus und kann auf Anhieb erkennen, welche körperliche Veranlagung unter dem vielen Fell steckt. Max kommt ziemlich nach seiner Mutter, er wird zwar groß, aber relativ schmalgliedrig bleiben. Das müsste er mit Ausdauer wettmachen – und die hat er nicht.“

„Das glaube ich nicht!“, protestiert Daniela energisch. „Max ist sehr willig und zeigt Durchhaltevermögen.“

Der Vater mischt sich wieder ein: „Es schadet doch nichts, wenn er mit an den Start geht, meinst du nicht? Den Kindern liegt viel daran.“

„Ich möchte nur keine falschen Hoffnungen wecken“, versetzt der Kollege. „Natürlich darf Max an den Eignungstests teilnehmen. Nur dürft ihr hinterher nicht enttäuscht sein, wenn er es nicht schafft.“

„Sie werden eine Überraschung erleben!“, verspricht Florian.

Er geht mit mir zum Zaun. Endlich kann ich eine Nase von Papas Geruch nehmen. Sein Schwanz ist steil aufgerichtet, um mir zu zeigen, dass er der Chef ist. Aber er wedelt freundlich. Ich ducke mich vor ihm und lecke seine Schnauze. Die Maschen des Gitters sind groß genug dafür. Dazu winsle ich freudig. Damit zeige ich Papa, dass ich ihn als Chef anerkenne.

„Dürfen wir mit ihm spielen?“, waffen meine Geschwister. „Bitte, bitte!“ Sie hüpfen wie Gummibälle am Zaun auf und ab. Ich würde gern ein bisschen mit ihnen herumrennen.

„Boris, Fuß!“ Der Mann befiehlt Papa an seine Seite. Er trottet aus dem Gehege und stellt sich neben seinen Herrn. Mama steht ganz ruhig an der Leine daneben.

„Pass genau auf, Max!“, ermahnt mich Daniela. „So gut musst du das auch können!“

Ich habe aber jetzt ganz andere Dinge im Kopf. Endlich kann ich mal mit Gleichaltrigen spielen – noch dazu mit meinen eigenen Geschwistern! Kaum von der Leine los, sause ich ins Gehege und meine Geschwister mir hinterher. Sie springen mich an und wir rollen ineinander verknäult über den Boden. Wir raufen miteinander, machen Wettrennen, schnappen uns Spielzeug vor der Nase weg ... es ist ein herrlicher Tag! Ich hole alles nach, was ich bisher versäumt habe. Auf einmal kommt es mir so vor, als wären wir nie getrennt gewesen.

Mama und Papa stehen draußen bei den Menschen und schauen uns wohlwollend zu. Leider spielen sie nicht mit.

Irgendwann stolpere ich müde nach draußen. „Ist es immer so, Mama?“

„Keineswegs, kleiner Jauler“, antwortet sie. „Die meiste Zeit arbeiten wir mit den Menschen. Wir werden ausgebildet, um dann in der Stadt auf Streife zu gehen, nach Gegenständen zu suchen oder Lebewesen zu retten. Oder wir stellen einen Verbrecher.“

„Das klingt alles so aufregend“, seufze ich.

„Das ist es auch“, bestätigt Mama.

Papa fügt hoheitsvoll hinzu: „Für mich gibt es nichts Schöneres, als zu beschützen. Seit langer Zeit werden wir Schäferhunde dafür herangezogen und ich gebe gern mein Bestes. Ich bin nur zufrieden, wenn ich meine Aufgabe erfüllt habe.“

„Natürlich haben wir auch Ruhepausen, die wir genießen“, lacht Mama. „Boris ist immer so eifrig. Allerdings ist er auch der

Erfolgreichste von uns allen, er ist etwas Besonderes. Deswegen habe ich mich für ihn entschieden und glücklicherweise erlauben die Menschen uns zusammenzusein."

„Das finde ich toll!", jaule ich. „Ich möchte auch so werden wie Papa!"

„Es ist eine harte Schule, Max", sagt Papa. „Du wirst es nicht leicht haben."

„Das schaffe ich!" Ich bin völlig davon überzeugt. Wenn ich nur will, kann ich alles schaffen!

Damit steht es für mich fest: Ich werde ein Polizeihund. Jetzt kann mich nichts mehr davon abbringen.

„Bekomme ich dann auch eine Uniform, so wie die Menschen?", will ich wissen.

„Du bekommst eine besondere Ausrüstung und eine Polizeimarke an dein Halsband", antwortet Papa.

„Und eine Belohnung, wenn ich eine Heldentat vollbracht habe?"

„Ja, sicher. Manche Hunde bekommen dann eine besondere Auszeichnung, man nennt das einen Orden."

„Wenn ich eine Schlange fange wie Lotti?"

„Nein. Das ist eher eine kleine Sache."

„Oh. Aber wenn es eine Giftschlange

gewesen wäre, die Florian oder Daniela hätte totbeißen können?"

„Ja, dann schon."

„Wau! Ich muss es unbedingt schaffen! So ein Orden steht mir sicher gut!"

Zum Glück habe ich Daniela und Florian auf meiner Seite. Sie wollen mir helfen die Aufnahmeprüfung zu schaffen.

Und ich werde mein Bestes geben!

Der neue Nachbar

Den Zwillingen hat der Besuch bei der Staffel ebenso gut gefallen wie mir. Tagelang reden sie nur noch darüber. Sie sind regelrecht in einen Wettstreit geraten, wer von ihnen mich nun besser vorbereiten kann. Das Tollste dabei ist, dass ich bei meiner Menschenfamilie bleiben darf, auch wenn ich die Prüfung bestanden habe.

Ihr Vater hat vorgeschlagen, dass sie wie bisher auch gemeinsam mit mir arbeiten. Ihre Mutter war ebenfalls dafür, unter der Voraussetzung, dass sie besser auf mich aufpassen.

„Ich habe schon wieder einen zerkauten Schuh hinter dem Sofa gefunden!“, beschwert sie sich. „Und außerdem drei verschiedene Socken, einen Tennisball, der eigentlich noch gut war, eine halbe Banane und eine Videokassette!“

Was, sie hat meine Schatzkammer geplündert? Verrat!

Ich muss sofort nachsehen, was noch da ist! Aufgeregt renne ich ins Wohnzimmer und quetsche mich unters Sofa. Wie schrecklich, alles ist weg! Das ganze Häufchen! Auch die zwei flauschigen Handtücher aus dem Bad, Danielas Stoffhase und mein Lieblingsstöckchen aus dem Garten! Das ist echt gemein, ich hatte so viel Mühe damit, alles zusammenzutragen, und nun ... heulen könnte ich da!

Moment, es klingelt an der Haustür. Wer könnte das sein? Es ist ein ganz fremdes Klingeln. Es klingelt noch einmal, geht denn niemand zur Tür? Ich bin ja gleich draußen, ich muss nur erst ...

„Jauul!“

Verwufft, was soll das denn? Ich stecke fest! Wie kann das sein? Gestern habe ich doch noch durchgepasst, doch jetzt kann ich mich keine Pfotenbreite mehr bewegen ... wie unheimlich! „Jaul! Wuuuh!“

Es klingelt zum dritten Mal und ich klemme immer noch unter dem Sofa. Das macht mich verrückt! „Hilfe, hört mich denn keiner?“, heule ich, so laut ich kann.

„Max, was ist denn jetzt schon wieder?“ Die Mutter kommt zu mir ins Wohnzimmer. An der Haustür höre ich Stimmen, anscheinend haben sie das Läuten endlich gehört.

„Wau-au-au“, mache ich. „Ich stecke fest, bitte befrei mich schnell! Ich bekomme

Angst, wenn ich festgehalten werde! Das mag ich nicht!"

„Wo bist du – unter dem Sofa?" Ihr Gesicht taucht am Boden auf. „Max, du verrückter Tölpel, wie hast du das denn wieder gemacht?" Ihre Hand greift nach meiner Pfote und zieht.

„Wau-au! Jauul!"

„So geht es nicht. Wir müssen das Sofa hochheben, sonst verletze ich dich noch." Sie ruft nach dem Vater. Gleich darauf merke ich, wie das Sofa über mir angehoben wird.

Endlich Luft! Ich springe auf und schüttle mich. „Hurra! Ich bin frei!"

Meine Menschen stellen das Sofa hin, und die Mutter lässt sich gleich hineinfallen. „Eines steht fest", bemerkt sie lachend, „da unten wird Max kein Nestchen mehr anlegen!"

Da hat sie leider Recht. Aber ich werde schon ein anderes Plätzchen finden ...

„Was ist denn hier los?" Daniela und Florian sind hereingekommen.

Aber sie sind nicht allein. Ein fremder Junge in ihrem Alter ist mit dabei. Er sitzt in einem komischen Stuhl mit großen Rädern.

„He, wer bist du denn?", rufe ich und laufe freundlich wedelnd auf den Jungen zu. „Bewegst du dich etwa mit dem Ding?

Das ist bestimmt sehr bequem! Darf ich mal mitfahren?“

„Geh weg!“, schnauzt mich der Junge an und scheucht mich mit einer heftigen Handbewegung zurück. „Komm mir bloß nicht zu nahe!“

Erschrocken bleibe ich stehen und ducke mich.

Die Mutter steht auf. „Keine Sorge, Andreas, Max tut dir nichts. Er ist erst ein halbes Jahr alt und sehr neugierig.“

Ich setze mich hin und lege den Kopf schief. Da müssen die Menschen immer lachen. Sie sagen, es sieht drollig aus mit meinen schiefen Ohren.

Andreas aber lächelt nicht mal. Er sieht mich recht finster an. Ich verstehe das als Warnung. Er mag wohl keine Hunde. Wie schade!

Florian stellt sich neben mich und krault mich hinter den Ohren. „Max, Andreas ist unser neuer Nachbar. Er ist gerade mit seinen Eltern nebenan eingezogen. Benimm dich also anständig.“

Das tue ich doch immer! Jetzt erst bemerke ich Andreas‘ Eltern, die unschlüssig in der Tür stehen geblieben sind.

„Entschuldigung, so chaotisch ist es bei uns nicht immer“, sagt Danielas Mutter.

„Nur fast immer“, grinst Florian. „Vor allem, seit wir Max haben.“

Andreas‘ Eltern lachen. „Er scheint ein aufgewecktes Kerlchen zu sein.“

Ich laufe auf die beiden zu und beschnüffle sie ausgiebig. Sie sind nicht unsympathisch. Tiere haben sie aber keine, sie riechen nur nach Mensch. Sie streicheln mich und sagen, ich sei „süß“. Ich verstehe nicht, weshalb Andreas das nicht auch findet. Was ist nur los mit ihm?

Die Erwachsenen unterhalten sich im Wohnzimmer und wir anderen alle sind draußen im Garten. Florian führt das Stöckchenspiel mit mir vor. Daniela stellt sich ihm gegenüber und sie werfen sich das Stöckchen zu.

Ich renne wie ein Blöder vom einen zum anderen und springe, so hoch ich kann. Aber ich erwische das Stöckchen nicht und schließlich hängt mir die Zunge fast bis zum Boden. Ich brauche eine Pause.

Daniela erzählt Andreas meine Lebensgeschichte, und dass ich Polizeihund werden soll.

Andreas wirkt nicht sehr interessiert. Er macht weiterhin ein miesepetriges Gesicht. Dabei würde er ganz nett aussehen. Er hat braune Haare und dunkle Augen, das gefällt mir.

„Hört mal“, unterbricht er Daniela plötzlich, „du brauchst dir wirklich keine Mühe zu geben.“

„Mühe?“ Daniela guckt verwundert. „Wieso?“

„Na, das sieht man doch, oder?“ Andreas klopft auf seine Beine. „Ich bin ein Krüppel. Dauernd erzählt ihr mir, wie arm dran euer Hund ist, nur um zu zeigen, dass es nicht nur mir schlecht geht. Aber ich bin kein blöder Köter, okay?“

„Wau! Und ich bin kein pelzloser magerer Zweibeiner!“, belle ich zurück. „Damit wäre zumindest das zwischen uns geklärt!“

„Deswegen hab ich das nicht erzählt“, verteidigt Daniela uns beide. „Ich finde, du machst zu viel Aufhebens darum.“

„Ach ja? Dann setz du dich doch hier rein!“

„Sag mal, was hab ich dir eigentlich getan?“

„Nichts und du brauchst auch in Zukunft nichts für mich zu tun. Ich wohne jetzt neben euch, aber deswegen müssen wir nicht gleich auf beste Freunde machen! Mit so blöden Heuchlern mag ich eh nichts zu tun haben.“

„Das kapier ich nicht“, kommt Florian

Daniela zu Hilfe. „Wir wollen nur nett sein und du machst uns dafür auch noch doof an. So was brauch ich echt nicht. Ich gehe jetzt rein.“

„Ja, ich auch“, bekräftigt Daniela.

Das ist so eine der seltenen Gelegenheiten, bei denen die Zwillinge sich einig sind und zusammenhalten.

„Wuff!“ Ich gehe natürlich auch mit.

„He, und ich?“, ruft Andreas uns nach. „Ihr könnt mich doch nicht einfach hier so stehen lassen!“

Florian zuckt die Achseln. „Dein Problem. Schließlich sind wir keine Freunde. Hast du doch selbst gesagt.“

Wir gehen nach drinnen und hören, wie Andreas‘ Mutter gerade seine Geschichte erzählt. „Vor zwei Jahren passierte dann dieser schreckliche Unfall. Beim Skifahren kam er auf eine verborgene Eisplatte und stürzte so unglücklich, dass sein Rückgrat verletzt wurde. Seither ist er gelähmt – und sehr unglücklich.“

Ach, jetzt verstehe ich: Andreas benutzt diesen Rollstuhl gar nicht aus Faulheit! Der Arme, das muss wirklich sehr schlimm für ihn sein. Herumspringen zu können ist doch das Schönste. Kein Wunder, dass er keine gute Laune hat.

Ich laufe wieder hinaus. Andreas bemüht sich gerade auf dem weichen Grasboden zu wenden. Seine Hände scheinen nicht sehr kräftig zu sein, denn er müht sich vergeblich ab.

„Ich würde dir gern helfen", wuffe ich ihm zu.

„Hau bloß ab!", schnauzt er mich an.

Mit eingezogenem Schwanz trolle ich mich. Ich verstehe ja, dass Andreas Kummer hat. Aber warum ist er gleich so böse zu mir? Ich kann doch nichts dafür, dass ihm so was passiert ist.

Andreas' Vater kommt heraus und fährt den Rollstuhl nach drinnen. „Wir haben Sie nun lange genug aufgehalten. Außerdem haben wir noch jede Menge zu tun. Wir wollten uns nur kurz vorstellen und um Nachsicht bitten, wenn es die nächsten Tage noch ein bisschen turbulent wird."

„Das ist kein Problem. Wenn wir helfen können, klingeln Sie einfach." Sie schütteln sich alle die Hände. Das ist so eine Art Schwanzwedeln und gefällt mir gut.

Ob ich das auch mal bei Andreas versuche? Vielleicht versteht er mich besser, wenn ich ihm meine Pfote reiche!

Endlich auf Streife

Die nächsten Tage über habe ich keine Gelegenheit Andreas zu besuchen. Der Vater von Daniela und Florian hat nämlich versprochen, dass ich im Herbst zusammen mit ihnen auf Streife gehen darf – wenn ich bis dahin die wichtigsten Kommandos gut beherrsche!

Deshalb üben wir von jetzt an fleißig. Das erste Kommando ist noch am einfachsten: „Sitz!“

Daniela drückt meinen Hintern nach unten, sagt „sitz“ dazu und deutet mit dem Zeigefinger nach unten. Schon beim dritten Mal habe ich kapiert, was sie meint. Als sie sich dann von mir entfernt, gehe ich natürlich mit. Da lacht sie und sagt: „Nein, Max! Platz! Du musst sitzen bleiben, bis ich dir erlaube zu mir zu kommen.“

Das sind ja gleich zwei Kommandos! Es fällt mir wirklich sehr schwer, sitzen zu bleiben. Ich beobachte genau, wo Daniela hingeht. Die ganze Zeit bin ich halb auf dem Sprung. Als ob ich auf einem Wespennest sitzen würde. Wann sagt sie endlich was? Na?

„Komm her!“

Endlich! Ich schnelle los und springe stürmisch an ihr hoch. „Habe ich das gut gemacht? Ja? Sag doch!“

„Braver Hund!“, werde ich gelobt und mit einem Leckerli belohnt. Das üben wir noch ein paarmal, bis es mir zu langweilig wird.

Beim einem ausgedehnten Gassigehen, bei dem wir fast schon an den Stadtrand kommen, probiert Florian gleich mit mir an der Leine aus, ob ich das Kommando gut behalten habe. Hier im Park ist das natürlich viel schwieriger, weil die Ablenkung größer ist. Ich habe keine Lust lange auf dem Platz zu bleiben. Es gibt doch so viel zu schnuppern! Außerdem sehe ich da hinten zwei Hunde kommen, die möchte ich gern begrüßen.

Aber Florian ist streng. Weil es das erste Mal nicht klappt, muss ich es wiederholen. Ich befürchte, dass ich so lange hier sitze, bis ich es richtig mache. Also gebe ich lieber gleich nach, so schwer es mir auch fällt. Meine Flanken zittern vor Anspannung.

„Na, lauf schon los!“

Hurra! Ich sause los, auf die beiden Hunde zu. Sie durchstöbern das Laub am Bachufer.

Glücklicherweise wird der Park hier hundegerecht belassen. Die meisten Anlagen in der Stadt sind ganz anders – da stehen die kurzen Grashalme alle geordnet in eine Richtung. Und wehe, man setzt eine Pfote darauf!

„Hallo, ich bin Max, ein Schäferhund!", stelle ich mich vor. „Darf ich mit euch spielen?"

Die beiden schauen mich an. Sie sind erwachsen und viel größer als ich – der eine Hund ist schwarzweiß, der andere ganz schwarz. Ich erschrecke jetzt schon ein bisschen über meinen vorschnellen Mut, ich weiß doch gar nicht, ob sie Junghunde mögen. Abwartend verharre ich, jederzeit bereit mich auf den Rücken zu rollen. Damit unterwerfe ich mich dem Stärkeren. Das löst eine Beißhemmung aus und mir kann nichts passieren – vorausgesetzt, der andere Hund ist normal.

„Hallo", begrüßt mich der schwarzweiße Hund. „Ich bin Mira, ein Bobtail, und das ist Moro, ein Labrador Retriever. Wo kommst du denn her?"

„Ach, aus der Stadt, ziemlich weit von hier. Wohnt ihr hier in der Nähe?"

„Ich schon", antwortet Mira.

„Ich wohne auch in der Stadt", berichtet Moro. „Du hast lustige Ohren."

„Ich weiß.“ Da muss ich doch wirklich mal seufzen. Ist das immer das Erste – und Einzige, was man an mir bemerkt? „Geht ihr hier allein spazieren?“

„Nein, mein Frauchen ist Steffi, das Mädchen da weiter hinten“, erklärt Mira. „Sie geht mit Peter, Moros Herrchen. Die beiden brauchen immer ewig, bis sie uns nachkommen. Dauernd haben sie was zu bequatschen.“

„Ich bin dafür, dass wir erst mal ‘ne Runde rennen!“, ruft Moro. „Du bist!“ Damit meint er mich. Die beiden flitzen davon, und ich sehe zu, dass ich irgendwie hinterherkomme. Wir rennen über den Weg auf eine Wiese und dann geht es immer im Kreis. Das ist sehr lustig, ich jaffe vor Vergnügen. Irgendwann sind die Kurven allerdings so eng, dass ich ausrutsche und nur so dahinkugle. Aber gleich bin ich wieder auf den Beinen und es geht andersherum weiter.

Als die beiden endlich mal stehen bleiben, springe ich an Moro hoch und beiße spielerisch in sein dickes Nackenfell. Er drückt mich zu Boden und rollt mich mit der Nase wie einen Ball vor sich her. Da ruft Florian nach mir.

„Oh, schade. Ich muss leider zu meinem

Herrchen.“ Ich springe auf, ganz außer Atem. „Sehen wir uns mal wieder?“

„Aber bestimmt“, verspricht mir Mira. „Komm, Moro, laufen wir zu Steffi und Peter.“ Sie springen davon, ihre langen Haare fliegen lustig hinter ihnen her.

Ich trabe zu Florian zurück, mit zitternden Flanken und stark hechelnd.

„Max, du Dummkopf, du sollst doch nicht rennen, bis du umkippst!“, tadelt mein Herrchen mich.

„Wenn‘s ... aber ... doch ... schön ... ist“, keuche ich. Ich werde mich schon wieder erholen! Das Tollste dabei ist, dass ich zwei neue Freunde gewonnen habe. Da kann ich doch nicht einfach nach ein paar Sprüngen aufhören und mich ausruhen!

So abwechslungsreich vergehen die Tage schnell. Es wird allmählich kühler, die Blätter fallen von den Bäumen – und ich wachse noch einmal ordentlich. Florian und Daniela müssen schon lange wieder in die Schule gehen. Ich habe den ganzen Vormittag frei und faulenze nach Herzenslust herum. Von der Mama der Zwillinge bekomme ich oft einen Riesenkauknochen, der mich lange beschäftigt, sodass ich sonst nichts anstellen kann. Natürlich sammle ich trotzdem weiterhin Schätze, aber ich mache es meinen Menschenfreunden nicht mehr so leicht, sie zu finden.

Ich fühle mich mit meinen sieben Monaten jetzt schon fast erwachsen, groß und stark. Das Tollste aber ist – ich kann endlich meine Ohren richtig aufstellen! Sie schlackern nicht mehr in der Gegend herum, sondern sind richtig fest geworden. Dabei hatte ich die Hoffnung schon fast aufgegeben ...

Und auch mit meiner Ausbildung habe ich große Fortschritte gemacht.

Bei „Platz“ bleibe ich sitzen oder liegen, je nachdem, welches Kommando vorausgegangen ist. Daniela und Florian wechseln sich beim Training ab. Es kommt jetzt auch mal vor, dass sie außer Sichtweite gehen. Dann fällt es besonders schwer, auf dem Platz zu bleiben und zu warten. Wenn sie mich nun vergessen? Doch ich werde jedesmal erlöst und dann bekomme ich eine Belohnung.

Das Kommando „Bei Fuß!“ kenne ich jetzt auch schon gut. Ob mit oder ohne Leine, ich bleibe dicht neben Daniela oder Florian, je nachdem, wer das Kommando gibt. Allerdings wird es wieder schwierig, wenn ich andere Hunde sehe – oder eine Katze. Dann bin ich kaum mehr zu halten.

Alles bebt in mir und verlangt danach, hinter der Katze herzujagen. Aber sobald ich auch nur einen schnellen Schritt nach vorne mache, werde ich sofort energisch zurückgepfiffen. Manchmal muss ich als Strafe an der kurzen Leine gehen, das ist ganz schön blöde. Also gehorche ich lieber und halte mich zurück.

Gemein ist nur, dass die Katzen sehr schnell mitbekommen, wenn ich bei Fuß gehen muss. Dann bleiben sie erst recht sitzen, putzen sich gelassen die Pfoten und spotten: „Na, kleiner Schuhlecker, wirst du dressiert? Kannst du auch eine Rolle rückwärts?“

Sie schauen auf uns Hunde herab, weil wir unseren Menschenfreunden folgen. Dabei kapieren sie gar nichts. Am Anfang habe ich mich ziemlich geärgert und war beleidigt. Aber jetzt belle ich: „Dafür werde ich Polizeihund und bekomme viele Orden, und ihr bleibt immer nur faul und dumm! Und wenn ich frei laufen darf, rennt ihr ja doch wieder feig davon!“

„Maaohh! Sei nur nicht so eingebildet, Fellsack, noch bist du nicht Lichterloh begegnet, der seit einiger Zeit hier sein Revier hat! Der wird dir zeigen, wozu wir Katzen fähig sind!“

„Waff, ihr macht mir keine Angst! Sobald

ich Polizeihund bin, werde ich hier für Ordnung sorgen, und ihr habt gar nichts zu melden!“

So geht es hin und her, bis meine Menschenfreunde mich endlich laufen lassen – dann bin ich aber wie der Blitz hinter den Schleichpfoten her!

Schließlich ist es so weit: Wir drei dürfen mit auf Streife! Der Vater lädt mich ins Auto und wir holen die Zwillinge von der Schule ab. Es ist ziemlich windig und dick bewölkt. Florian und Daniela beschweren sich ein bisschen über das Wetter. Mir macht das gar nichts aus, ich bin immer gut geschützt. Aber an so einem besonderen Tag wäre ich sowieso bei jedem Wetter voller Eifer dabei!

Wir fahren ins Stadtzentrum. Hier bin ich erst einmal gewesen. Mir gefällt es nicht besonders, es gibt keine Grünflächen, alles ist so grau und eng. Der Boden ist hart und oft von Glassplittern übersät. Ich muss aufpassen, wo ich meine Pfoten hinsetze.

Bei einem Brunnen wartet der große Mann vom Zwinger – zusammen mit Papa!

„Du bist auch hier?“, waffe ich und springe auf Papa zu. „Ich bin so aufgeregt!“

„Verhalte dich ruhig, Max, du bist jetzt im Dienst“, ermahnt mich Papa. Trotzdem streicht er mit der Schnauze kurz über meinen Kopf.

Dann gehen wir los. Ich gehe zwischen Florian und Daniela, die aufmerksam zuhören, was die Erwachsenen besprechen. Ich achte lieber auf die Umgebung und schaue wachsam umher. Man weiß ja nie, was plötzlich passiert!

Auf einmal werden wir von zwei alten Frauen angesprochen. Sie suchen irgendeine Straße und kennen sich nicht mehr aus. Danielas Vater beschreibt ihnen den Weg.

„Warum führen wir sie nicht hin?", will ich von Papa wissen.

„Wir sind noch auf Streife", belehrt er mich. „Wir können nicht einfach von der Route abweichen. Außerdem ist das nicht wichtig genug."

„Aber wenn sie nun nicht hinfinden?"

„Das werden sie schon, glaub mir. Oh, schau mal, da hinten!" Er deutet mit der Pfote auf den Eingang eines großen Kaufhauses. Dort streiten zwei Männer. Der eine packt den anderen gerade vorn am Kragen.

„Da müssen wir hin!" jaffe ich. „Schnell, schnell!"

„Langsam, Hitzkopf!" Papa drängt mich ab. „Auch das ist noch nichts Ernstes. Wir haben da nichts zu melden!"

„Och …“

Florians Vater und sein Kollege sprechen die beiden Männer an. Als sie die Uniformen sehen, werden sie gleich ganz friedlich und gehen in verschiedene Richtungen auseinander.

„Das ist aber langweilig“, maule ich.

„Sei froh“, meint Papa. „Hier geht es nicht um Abenteuer oder Spiele. Unser Job ist bitterernst. Wenn die Menschen friedlicher wären, müssten wir nicht diese Arbeit verrichten. Unsere ursprüngliche Aufgabe war es, die Schafherden der Menschen zu hüten, sie in der Nacht zu wärmen und vor gefährlichen Raubtieren zu schützen. So ist damals der Erste ans Feuer der Menschen gekommen. Heute ist doch alles verkehrt, wir schützen Menschen vor Menschen – wie sollen wir den Unterschied erkennen?“

„Das klingt verwufft kompliziert.“

„Das ist es auch, Mäxchen. Deshalb denke ein bisschen darüber nach, ob du wirklich schon reif für diese Aufgabe bist.“

Woher soll ich das denn wissen, Papa?

Haltet den Dieb!

Mein erster Tag als Polizeihund war nicht mal halb so aufregend wie ein Besuch beim Tierarzt. Ich bin kein einziges Mal zum Einsatz gekommen, obwohl ich es sicher gut gemacht hätte.

Daniela und Florian fanden es wohl nicht so schlecht, denn auf der ganzen Heimfahrt haben sie sich darüber unterhalten.

Ich bin erst mal froh, mein Abendessen vorgesetzt zu bekommen. Ich war den ganzen Tag auf den Beinen und fühle mich schlapp. Meine Ballen schmerzen von dem harten Boden.

Und so was macht Papa den ganzen Tag? Ich weiß nicht so recht, auf einmal bin ich nicht mehr so überzeugt. Als der Dienst endlich zu Ende war, hing mir ganz schön die Zunge aus dem Maul, während Papa noch sehr munter war und wie ein junger Hund herumgesprungen ist.

Schaffe ich es, den ganzen Tag in dieser stinkenden, öden Stadt herumzulaufen? Halten meine Pfoten das aus? Zu Hause habe ich es eigentlich bequemer. Ich kann jederzeit ein Nickerchen halten. Wenn ich spielen will, fordere ich einen meiner Menschen dazu auf oder beschäftige mich selbst. Ich kann mich oft im Garten aufhalten oder beim Gassigehen frei im Park laufen. Als Polizeihund bin ich die ganze Zeit an der Leine, muss brav bei Fuß gehen und darf keine Miene verziehen. Dafür brauche ich doch keine anstrengende Ausbildung, das kann ich alles jetzt schon!

„Na, Max, hat es dir gefallen?" Die Mutter füllt meinen Napf und krault meine Ohren. „Du wirkst ja ziemlich müde."

„Tja, ich weiß auch nicht so recht." Der Vater kommt gerade herein, geht zum Kühlschrank und holt sich etwas zu trinken. „Max war sehr brav, aber ich habe das Gefühl, als ob es zu viel für ihn ist."

Das ist es nicht! Ich habe mich nur gelangweilt, das ist alles. Und am ersten Tag tun einem doch immer die Pfoten weh, oder? Wenn ich erst mein Futter verschlungen habe, fühle ich mich bestimmt gleich besser.

Der Bauch ist gefüllt. Jetzt trotte ich ins Wohnzimmer und lege mich mit einem wohligen Schnaufen neben das Sofa. Während die Familie fernsieht, kann ich ein wenig dösen.

Aber ich glaube, ich habe zu viel gefuttert. Ich muss mich anders hinlegen, irgendwie ist mir der Bauch im Weg. Nein, so passt es mir auch nicht.

„Max, was ist denn los mit dir?“ Daniela klingt verärgert. „Lieg doch endlich mal still, du bist ja schlimmer als Flo!“

Das sagt sie so leicht. Irgendwie fühle ich mich gar nicht gut. In meinem Bauch rumpelt es schon wieder so komisch. Dauernd muss ich schlucken. Ich glaube, mir wird schlecht.

Vielleicht sollte ich etwas trinken? Ich laufe in die Küche, aber da fällt mir schon das ganze Essen aus dem Gesicht. „Wurks!“

Ich muss mich erst mal setzen. Mir ist immer noch flau. O wau, da kommt die Mutter. Jetzt gibt's bestimmt ein Donnerwetter, weil ich nicht rechtzeitig gemeldet habe. Aber ich hatte wirklich keine Zeit mehr dazu!

„Ja, Mäxchen, was hast du denn?“ Sie schimpft nicht. Sie klingt im Gegenteil besorgt. „Dummerchen, hast du zu schnell gefressen?“

Ich weiß nicht. Ich schaue sie verzweifelt an. „Könntest du bitte mit mir rausgehen?“, winsle ich.

Florian und Daniela kommen herein.

„Was ist denn los mit Max?“, fragen sie gleichzeitig.

„Ich denke, er hat sich überanstrengt“, vermutet ihre Mutter. „Sein Magen hat sich umgedreht. Am besten geht ihr mit ihm eine Runde spazieren, aber nicht zu schnell. Lasst ihn schnuppern und anhalten, so viel er will.“

„Armer Max.“ Daniela streichelt mich mitfühlend. „Vielleicht hat Papa doch Recht?“

„Nein!“, belle ich. „Ich brauche nur ein bisschen mehr Zeit, das ist alles! So glaubt mir doch!“

„Ist ja schon gut. Wir gehen gleich mit dir.“

Auf dem Spaziergang erhole ich mich langsam wieder. Ich würde gern Gras und Kräuter fressen, aber zu dieser Jahreszeit wächst nichts mehr. Es wird jetzt abends kalt und oft gibt es Nebel. Den mag ich nicht gern, weil er sich mit Frostfingern in meinem Fell festsetzt und manchmal sogar bis auf die Haut gelangt. Außerdem kann man bei den wabernden Schleiern kaum etwas erkennen, und Geräusche und sogar Gerüche werden verfälscht. Es ist eine unangenehme Zeit. Bei jedem unerwarteten Geräusch zucke ich zusammen und wittere. Mit doppelter Aufmerksamkeit laufe ich immer dicht neben den Zwillingen. Selbst tagsüber habe ich keine Lust zum Tollen, weil ich meine Freunde so schnell aus den Augen verliere.

Neulich bin ich sogar vor einer Katze erschrocken. Durch ein schräg einfallendes Licht ist ihr Schatten riesengroß angewachsen, und ich hielt ihn für ein Monster. Erst als ich die Katze fauchen hörte, erkannte ich sie. Sie rannte mit hochgestelltem, aufgeplustertem Schwanz weg. Anscheinend habe ich ihr genauso Angst eingejagt wie sie mir.

Es geht aber auch ohne Kräuter. Als wir wieder zu Hause sind, habe ich großen Hunger. Ich schiebe meinen leeren Napf durch die Küche, um anzuzeigen, dass ich gern etwas möchte.

„Na meinetwegen“, gibt die Mutter nach. „Eine Kleinigkeit kriegst du, damit du schlafen kannst. Aber schling nicht wieder!“

Das sagt sie so leicht. Wir Hunde kauen nun mal nicht, sondern schlucken alles hastig hinunter. Unsere wilden Verwandten machen das auch so, um auf diese Weise Nahrung für die Welpen zu transportieren. Sie würgen das Fleisch wieder hervor und es ist noch ganz frisch. Mir ist das vorhin allerdings unbeabsichtigt passiert.

In der Nacht geht es mir gut, und bis zum Morgen habe ich mich vollständig erholt.

Daniela und Florian lassen nicht locker, bis wir noch einmal auf Streife mitgehen dürfen. Sie wollen wohl wissen, ob ich diesmal besser durchhalte. Ihr Vater gibt schließlich nach, sodass wir eines Nachmittags wieder unterwegs sind.

Ich bin nicht gleich so ungeduldig, denn ich kenne den Ablauf ja inzwischen. Papa ist entsprechend zufrieden mit mir. „So benimmt sich ein Hund im Dienst", lobt er mich.

Wir laufen nicht nur durch die Straßen, sondern gehen auch in den Untergrund hinunter, zu den Schnellbahnen. „Dann fühlen die guten Menschen sich beschützt und die bösen überlegen sich zweimal, ob sie etwas anstellen", erzählt Papa.

„Und du weißt, wer gut und wer böse ist?", will ich wissen.

„Ich sagte dir bereits, dass wir Hunde das nicht unterscheiden können", antwortet er. „Wir müssen uns auf das Kommando unserer Herren verlassen. Bei uns Hunden ist nicht immer der Angreifer der Böse, bei den Menschen meistens schon. Es ist oft sehr schwierig für uns, das zu begreifen."

Ich glaube, da muss ich doch noch eine Menge lernen.

Bis jetzt ist noch weniger passiert als das letzte Mal. Wir laufen herum. Manchmal werden wir angesprochen. Die restliche Zeit tut sich nichts.

Doch auf einmal geht ein großes Geschrei los und ein Tumult entsteht.

Aus einem Menschenknäuel löst sich ein junger Mann, der ziemlich schnell davonspurtet.

„Er hat meine Handtasche!“, höre ich eine Frau rufen. „Haltet ihn auf!“

„Jetzt aber!“, belle ich. Ich hüpfe auf und ab, zitternd vor Erregung. Es steht eindeutig fest: Dieser Mensch hat etwas Böses getan, das kapiere sogar ich schon. Also müssen Papa und ich ihn stellen!

Papa wird die Leine abgenommen. „Los, Boris!“, erhält er das Kommando. „Schnapp ihn dir! Fass!“

Papa schnellt los, dem flüchtenden Dieb hinterher. Der hat einige Menschen beiseite geschubst, Warentische umgeschmissen und ist beinahe über einen Radfahrer gestolpert. Sein Vorsprung ist nicht schlecht, aber wir Hunde sind natürlich viel schneller als Menschen.

„Ich will auch mit!“, kläffe ich. „Lasst mich doch los!“

„Pass auf, was ich mache!“, ruft Papa mir zu.

Was macht er denn schon? Er stellt den Dieb, na und? Das kann ich doch auch! Warum lassen sie mich nicht von der Leine los? Ich bäume mich auf. Florian ist nicht stark genug, um mich zu halten. Ich reiße mich von ihm los und renne Papa hinterher, die Leine im Schlepptau.

„Max, halt!“, brüllen die Menschen hinter mir im Chor. „Sitz, aber sofort! Halt!“

Ich denke nicht daran zu gehorchen. Als Polizeihund ist es schließlich meine Aufgabe, Verbrecher zu stellen. Und Papa kann meine Hilfe bestimmt brauchen.

Er hat den flüchtenden Dieb fast eingeholt. Ich bewundere die Eleganz, mit der sich mein Papa trotz seines Gewichts bewegt. Er gibt keinen Laut von sich. Wie unsere wilden Ahnen hetzt er die Beute lautlos.

Jetzt muss ich mich aber beeilen, wenn ich noch hinterherkommen will. Der Dieb hat bemerkt, dass Papa ihn verfolgt, und schlägt einen Haken. Er will wohl in ein Kaufhaus, um sich dort zu verstecken. Hier im Zentrum gibt es dafür jede Menge Möglichkeiten.

Aber Papa schneidet ihm sofort den Weg ab – und dann springt er. Mit voller Wucht landet er auf dem Mann und wirft ihn um. Aber der gibt immer noch nicht auf. Papa hat sich in seine Jacke verbissen, doch er schafft es, sie auszuziehen. Er springt auf und rennt weiter.

„Boris, fass!“, wiederholt sein Herrchen. Sie versuchen uns zu erreichen. Jetzt bin ich aber am weitesten vorn. An Papa vorbei sause ich hinter dem Dieb her.

Um uns herum herrscht helle Aufregung. Ich muss über stürzende Warentische springen und darauf achten, nicht plötzlich mit Menschen zusammenzustoßen. Sie laufen alle durcheinander.

„Schnell, spring jetzt, Max!“, bellt Papa hinter mir.

Ich gehorche automatisch. Ich stoße mich ab und strecke die Vorderpfoten aus. Wenn ich den Dieb im Rücken erwische, kann ich ihn bestimmt mit Wucht umwerfen.

Aber leider springe ich zu kurz und der Dieb schlägt einen Haken nach rechts. Wie ein Hase! „U-wuff!“ Es presst mir die Luft aus den Lungen, so unsanft lande ich auf dem Boden. Aber ich rapple mich gleich wieder auf und setze dem Dieb nach. Ich erwische mit den Zähnen gerade noch sein Hosenbein und halte es fest. Ich bin leider nicht schwer genug, um ihn damit zum

Stehen zu bringen. Es reißt mich ein ganzes Stück mit, aber der Dieb stolpert wenigstens. Dann ist Papa da und stellt ihn. Knurrend steht er vor dem Dieb und macht ihm mit gefletschten Zähnen unmissverständlich klar, dass er notfalls zubeißt. Ich zerre knurrend an seinem Hosenbein.

„Aus!“, höre ich ein lautes Kommando. „Boris, Platz! Max, komm her!“

Ich lasse los und trabe strahlend zu Florian und Daniela. Papa sitzt vor dem Dieb und lässt ihn nicht aus den Augen.

Der Dieb hat keine Lust mehr wegzulaufen. Er ist völlig außer Atem. Widerstandslos lässt er sich festnehmen.

Dann bekommt die Frau ihre Handtasche zurück. Sie bedankt sich strahlend, bittet uns zu warten, geht zu einem Würstchenstand und kauft Papa und mir eine Riesenwurst zur Belohnung.

„Wie war ich, Papa?“, frage ich mit stolzgeschwellter Brust.

„Absolut blöd!“, antwortet er.

Da gehen meine Ohren aber runter. Verdutzt schaue ich ihn an. „Aber ...“

„Nichts, aber!“, schnauzt er. „Du hattest den Befehl zu warten! Beinahe hast du alles vermasselt, du Anfänger! Was bildest du dir eigentlich ein? Wir sind doch hier nicht beim Fernsehen! Denkst du, meine jahrelange Ausbildung ist nutzlos?“

„Entschuldigung“, winsle ich eingeschüchtert. „Ich wollte doch nur helfen. Und es hat mich so mitgerissen ...“ Besorgt schiele ich zu Danielas und Florians Vater hoch. Ob er auch böse auf mich ist?

Wenigstens habe ich die Zwillinge auf meiner Seite. Sie loben mich vor ihrem Vater. „Damit hat Max wohl bewiesen, dass er zur Staffel kann!“

„Er zeigt gute Anlagen“, gibt der Vater zu. „Aber ihr müsst daran arbeiten, dass er besser folgt. Vor allem darf er sich nie wieder einfach losreißen. Es hätte so viel passieren können!“

Da bleiben meine Ohren unten. Ich wollte doch nur zeigen, dass ich gut bin! Aber einen Orden erhalte ich dafür wohl nicht ...

Ob ich wohl jemals die Aufnahme schaffe?

Das verlorene Lachen

Zu Hause kann ich den Abendspaziergang kaum abwarten. Ich brenne darauf, allen Nachbarhunden zu erzählen, dass ich einen Dieb gestellt habe.

„Damit steht fest, dass ich zur Polizei gehe!“, verkünde ich. „Ich habe jetzt unter Beweis gestellt, dass ich dafür geeignet bin!“

„Das wollen wir erst mal abwarten“, bellt Juma, eine große, braune Dogge. „Du kannst mir viel erzählen!“

„Aber es ist wahr!“, verteidige ich mich. „Bestimmt wird es dein Frauchen morgen in der Zeitung lesen!“

Juma bläst Luft durch seine langen Lefzen. „Max, du stolperst doch immer noch über deine eigenen Füße“, wafft er. „Gerade mal, dass du endlich die Ohren aufstellen kannst! Werde erst mal erwachsen!“

„Du bist doch bloß neidisch!“ Ich drehe mich vom Zaun weg und gehe mit hoch erhobenem Kopf weiter.

„Und du bist schildkrötig!“, blafft Juma hinter mir her.

Das bedeutet, dass ich schnell beleidigt bin, denn Schildkröten ziehen sich beim geringsten Anlass in ihr Haus zurück. Ich achte aber nicht darauf. Irgendwann werden sie mich schon noch bewundern, alle miteinander!

Als wir zurückkommen, ist Andreas gerade draußen. Ich habe ihn lange nicht gesehen. Er schaut noch genauso sauertöpfisch drein wie beim ersten Mal.

Daniela ist aber freundlich wie immer: „Hallo, Andreas! Hast du nicht mal Lust mit uns und Max Gassi zu gehen?"

„Nein."

„Warum denn nicht?"

„Ich komme ja doch nicht hinterher."

„Dann gehen wir eben langsamer oder ich schiebe dich", schlägt Daniela ihm vor. „Du kannst doch nicht die ganze Zeit im Haus hocken und vor dich hinbrüten!"

„Das braucht dich doch nicht zu kümmern!", wehrt Andreas unfreundlich ab. Dann verschwindet er im Haus.

„Was willst du eigentlich von diesem Blödmann?", fragt Florian sie.

„Ich möchte ihn dazu bringen, dass er mal lacht", antwortet Daniela. „Ich glaube, dass Andreas in Wirklichkeit ganz nett ist."

„Abgesehen von seinem Selbstmitleid."

„Genau. Hast du nicht eine Idee, was wir dagegen tun könnten?"

Florian schnaubt verächtlich. „Daniela, du solltest so was Soziales wie Mama machen, das wäre genau das Richtige für dich! Bin ich etwa die Wohlfahrt? Wenn er was von uns will, soll er sich melden!"

„Flo, du bist ein Egoist und ein Ekel!"

„Und du die Heilsarmee! Typisch Weiber!"

„Was willst du denn damit sagen?"

„Das verstehst du schon! Immer nur Friede, Freude, Eierkuchen!", grinst Florian.

Uih, da wird Daniela aber fuchtig. „Du bist doch total blöde! Dein Gehirn ist so groß wie ein Fußball und genauso mit Luft gefüllt! Du interessierst dich doch nur für Sport und sonst gar nichts, genau wie deine blöden Kumpel!" Wütend läuft sie nach oben auf ihr Zimmer.

„Ach, und du bist Mutter Teresa oder was?", ruft Florian ebenso wütend hinterher. Dann stürmt er in sein Zimmer und wirft die Tür krachend zu.

Ich halte mich aus all dem heraus und mache einen Abstecher in die Küche. Das Abendessen dürfte bald fertig sein.

„Na, Max, suchst du ein friedliches Plätzchen?", begrüßt mich der Vater. Er deckt gerade den Tisch und schneidet Brot. Die Mutter ist noch nicht da, anscheinend muss sie heute wieder Überstunden machen. „Diese beiden Streithähne machen es einem nicht leicht, was?“ Er krault mich hinter den Ohren. Das bringt mich immer dazu, wohlig zu brummen. Liebevoll lecke ich seine Hand.

„Bekomme ich was zu essen?“ Auffordernd stoße ich mit der Pfote an meinen Napf.

„In Ordnung.“

Gleich darauf ist mein Bauch gefüllt und ich bin mächtig zufrieden. Heute bin ich längst nicht so müde wie beim letzten Mal, und bestimmt wird mir auch nicht wieder schlecht. Ich trotte ins Wohnzimmer, aber niemand ist da. Also, wenn jemand schildkrötig ist, dann die Zwillinge! Vielleicht sollte ich dagegen etwas unternehmen?

Die Tür zu Danielas Zimmer ist nur angelehnt. Sie sitzt an ihrem Tisch und schreibt irgendwas. Ich gehe zu ihr und lege meinen Kopf in ihren Schoß. Kaum zu glauben, dass ich da mal als ganzer Hund draufgepasst habe! Fragend schiele ich zu ihr hoch.

Sie guckt zu mir runter und lacht plötzlich. „Max, du bist so süß, wenn du so schaust!“

„Streichel mich!“ Ich bohre meine Nase in ihre Hand. „Jetzt ist alles wieder gut, ja?“

„He, Dani", erklingt auf einmal Florians Stimme. Er steht etwas unschlüssig in der Tür. „Mir ist da was eingefallen, wie wir Andreas vielleicht doch mal aus der Reserve locken könnten."

„Ja, wirklich?" Daniela klingt interessiert. Sie ist nicht nachtragend. Florian hat ein Friedensangebot gemacht, das genügt. Ich finde das gut. Die beiden streiten sich zwar oft, aber ebenso schnell ist es wieder vorbei.

„Max, komm." Ich gehe erwartungsvoll zu Florian. Hat es mit mir zu tun? Er zeigt mir eine Zeitung. „Nimm sie, aber schön vorsichtig."

Ich schließe meine Zähne gerade so um das Papier, dass ich nicht durchbeiße.

„Und jetzt bring's Dani."

Hm? Was will er? Warum?

„Na, komm", lockt Daniela. „Bring's her!"

Ach so! Das ist wie beim Apportieren eines Stöckchens! Ich trabe zu Daniela und lege die Zeitung in ihre Hand. Dazu wedle ich mit dem Schwanz.

„Gut so. Braver Hund!" Ich bekomme meine Streicheleinheit und schaue stolz zu Florian.

„Kapiert?" Er klingt vergnügt.

Daniela nickt. „Ich glaube, das könnte klappen!"

Ja, was denn nur? Ich verstehe wieder mal nichts!

In den nächsten Tagen werde ich mit neuen Kommandos beschäftigt. Sie sind komplizierter als die bisherigen, aber sie machen viel Spaß. Die Zwillinge bringen mir bei, auf Kommando nach verschiedenen Gegenständen zu suchen, sie zu nehmen und heil zu überbringen. Dafür bekomme ich viel Lob und Leckerlis. Das beschäftigt mich so sehr, dass es mir vormittags überhaupt nicht mehr langweilig ist. Ich nutze die Zeit zum Faulenzen, bevor am Nachmittag die Arbeit beginnt. Vielleicht hat das auch mit meiner Vorbereitung für die Prüfung zu tun?

An einem Samstag werde ich auf eine harte Probe gestellt. Daniela und Florian gehen mit mir zum Einkaufen. Und dann legen sie mir eine gut verpackte, aber trotzdem saftig duftende Wurst ins Maul und befehlen mir sie heimzutragen.

Das Wasser läuft mir im Maul zusammen. Es wäre ein Leichtes, kurz zuzubeißen, die Hülle mit der Zunge wegzuschieben und die Wurst hinunterzuschlucken. Aber das ist verboten. Wie gemein! Mein Bauch fängt voller Erwartung zu rumoren an. Wissen die beiden denn nicht, dass eine feine Hundenase die Wurst auch durch zehn Verpackungen riechen kann? Und dass der Duft einfach zu verlockend ist?

Ich armer Hund!

„Schön brav“, heißt es jedesmal, wenn ich glaube es nicht mehr auszuhalten. Anscheinend merkt man mir das deutlich an. Dann reiße ich mich wieder zusammen. Ich bin ein kluger Hund und werde mich nicht blamieren.

Aber ich bin heilfroh, als wir endlich daheim ankommen. Ich muss die Wurst bis in die Küche tragen und sie dort der herbeigerufenen Mutter übergeben. Sie lobt mich und nimmt die Wurst mit spitzen Fingern. Ich habe das Papier wohl ein wenig voll gesabbert. Aber das ist auch kein Wunder!

Ich erwarte, dass ich die Wurst jetzt bekomme. Aber weit gefehlt! Es gibt nur das übliche Leckerli. Das ist eine harte Erfahrung: Wenn ich den Auftrag bekomme, etwas so Gutes zu holen oder zu transportieren, heißt das noch lange nicht, dass es für mich ist. Seufz!

Über all diesen Übungen versäume ich beinahe meinen ersten Schnee. Eines Morgens ist draußen alles weiß – und ganz anders.

Toll! Trotz der Kälte ist mir in meinem Fell mollig warm. Ich tobe durch den Schnee, spiele Nasentauchen und jage Schneebällen hinterher. Die zerfallen, wenn man auf sie beißt, und schmelzen dann im Maul. Das könnte ich stundenlang spielen!

Florian und Daniela bauen einen Schneemann, und ich springe ihn mit vollem Schwung an und werfe ihn um! Dann bombardieren mich die beiden mit Schneebällen, nach denen ich schnappe. Manche erwische ich, aber noch mehr treffen mich mit voller Breitseite. Dann sehe ich selber aus wie der Schneemann.

Zwischendurch schaue ich mal durch den Zaun nach nebenan. Andreas ist jedoch für einige Zeit verreist, in irgendeine Klinik. Wegen seiner Beine.

Aber an einem Wochenende ist er wieder zurück und Florian schlägt Daniela vor mit mir hinüberzugehen. „Ich glaube, jetzt ist Max so weit."

Wir werden von Andreas' Eltern freundlich empfangen. Andreas ist mit seinem Rollstuhl im Wohnzimmer. Er hat sich nicht verändert und schaut uns grimmig an.

„Wir wollten dich nur kurz besuchen", sagt Daniela.

Florian schlägt sich mit der flachen Hand an die Stirn. „Ach, wie dumm! Jetzt haben wir dein Geschenk draußen vergessen. Max, holst du es für uns?“

Ich gucke ihn verwirrt an. „Wieso? Ich hab‘s doch nicht vergessen!“

„Na los, Max, such‘s und bring‘s Andreas!“

Ach so! Ich hab mal wieder den Napf vor lauter Futter nicht gesehen. Jetzt weiß ich, was Florian will: Ich soll Andreas imponieren!

Ich schnüre hinaus. Stimmt, vor der Haustür liegt ein Päckchen. Daran haftet der Geruch von Florians Hand. Vorsichtig nehme ich es ins Maul und trabe, so elegant ich nur kann, ins Wohnzimmer zurück. Dann lege ich es in Andreas‘ Schoß.

Na bitte, seine finstere Miene ist wie weggewischt. Er schaut verdutzt. Dann öffnet er das Päckchen.

Mir wird ganz schwindlig, als der Duft um meine Nase weht. Da liegen doch tatsächlich zwei leckere Würste drin, meine Lieblingssorte! In der Aufregung habe ich das nicht mal gerochen!

„Wuff!“, entfährt es mir. Ich lege meinen Kopf auf sein Knie und schaue Andreas tieftraurig an. „Du wirst diese Würste wohl für dich behalten, oder?“

Ich traue meinen Ohren nicht, als ich Andreas das erste Mal lachen höre. Er lacht so herzlich, dass Daniela und Florian mitlachen müssen.

Ich lasse mich davon aber nicht ablenken. Ich schmatze auffällig laut und fiepe wie ein Welpe. Da berührt Andreas mich das erste Mal behutsam zwischen den Ohren.

„Was meinst du, Max, wollen wir die Würste teilen?"

„Wau!" Ich springe durchs Wohnzimmer. „Na klar! Bitte gleich!"

Andreas wirft eine Wurst und ich fange sie im Sprung auf. Happs, weg ist sie. Ich werfe mich auf den Boden und wälze mich vor Genuss.

Andreas lacht wieder. Dann fragt er meine Freunde: „Wollt ihr irgendwas trinken? 'ne Cola oder so?"

Na also! Vielleicht wird das ja doch noch was! „He, Andreas! Ich will keine Cola, aber die zweite Wurst!"

„Was will er denn jetzt wieder?", fragt mein neuer Freund verwirrt.

Ich werde ihm wohl noch einiges beibringen müssen.

Max allein zu Hause

Leider ist der Schnee nach wenigen Tagen wieder weg. Es gibt ein kurzes Tauwetter und dann setzt bitterkalter Frost ein. Dabei ist es so lustig, nach fallenden Schneeflocken zu schnappen!

Meine Menschen nennen das Wetter „Hundekälte“. Damit meinen sie wohl, dass man jetzt keinen Hund vor die Tür jagt. Das mag vielleicht für die dünnhaarigen Handtaschenformate unserer Art gelten – aber natürlich nicht für uns dickfelligen Hunde! Im Gegenteil, jetzt muss ich wenigstens nicht schwitzen. Solche Temperaturen vertragen wir Schäferhunde gut, wie unsere Ahnen auch. Ich hätte also gar nichts gegen ein paar Fahrradtouren.

Aber die Zwillinge sind nicht wie sonst für Spaziergänge zu begeistern. Am liebsten verkriechen sie sich in ihre Betten und faulenzen oder sie sind mit Freunden unterwegs. Das ist ganz schön langweilig. Den ganzen Tag dösen finde ich doof.

Auf Streife darf ich leider nicht mehr mitgehen, also muss ich mich irgendwie anders beschäftigen. Im Haus gibt es genug Möglichkeiten, etwas anzustellen. Ich trage Sachen von einem Ort zum anderen, mache mich auf dem Sofa breit oder stibitze Essbares. Nebenbei kaue ich noch an den Beinen meines Lieblingsstuhls in der Küche und warte bei jeder Familienmahlzeit gespannt darauf, dass er unter dem Menschengewicht zusammenkracht.

„Max, du bist wirklich unmöglich!", schimpft die Mutter. „Was soll ich nur mit dir machen!"

Gerade hat sie mich im Keller entdeckt. Ich habe mich da mal genauer umgeschaut, weil ich es wichtig finde, als Wachhund alles genau zu kennen. Dabei habe ich einen komischen Apparat entdeckt mit einem runden Guckloch in der Tür, die angelehnt ist. Ein Tuchzipfel hängt heraus. Ich ziehe leicht daran, bis das ganze Tuch herausfällt – und der nächste Zipfel erscheint! Da mache ich lustig weiter, bis ein Berg Tücher und Wäsche um mich herumliegt.

„Ein Glück für dich, dass das die schmutzige Wäsche ist!" Sie sammelt alles ein und stopft es wieder in den Apparat. „Wenn du nicht brav bist, stecke ich dich das nächste Mal in die Waschmaschine und stelle auf

Dauerschleudern, damit dir Hören und Sehen vergeht!“, droht sie mit erhobenem Zeigefinger. Aber ich glaube, das meint sie nicht wirklich ernst. Sie würde mich nie so quälen. Außerdem passe ich gar nicht in dieses Ding.

Dieses Spiel ist so lustig, dass ich mich gleich auf die Suche nach dem nächsten mache. Ich kann mich erinnern oben im Bad mal einen Behälter gesehen zu haben, aus dem ein Papierzipfel heraushing. Gleich mal ausprobieren! Er steht in bequemer Höhe auf einem Regal, da brauche ich nicht mal den Kopf zu heben.

Vorsichtig ziehe ich ... hui, es klappt! Da ist das nächste Papier! Ich ziehe, lasse das Tüchlein fallen, das wie eine Feder langsam zu Boden schwebt, und ziehe das nächste. Um mich herum lasse ich die Tücher schweben, puste sie wieder hoch oder schnappe nach ihnen. Wuhi, was für ein Spaß! Ein paar landen auf meinen Ohren und meiner Flanke und es ist noch lange nicht zu Ende. Ich ziehe und ziehe und der Berg um mich herum wird immer größer bis – „Leer! Schnüff, wie schade!“

Der Papierregen ist zu Ende, das letzte Blättchen sinkt zu Boden. Aufmerksam, mit nach vorne gestellten Ohren, verfolge ich seinen Flug bis zur Landung. Meine Nase zeichnet jede Kurve nach.

Dann merke ich plötzlich, dass ich nicht mehr allein bin. Ich schaue hoch: Da steht die Mutter. O wau. Ihrem Gesicht nach zu urteilen, findet sie das Spiel nicht so lustig.

„Max, ich weiß nicht, ob ich lachen oder weinen soll", sagt sie und seufzt. „Dich muss man 24 Stunden unter Aufsicht stellen!"

Ich lasse die Ohren hängen, ziehe ein wenig den Kopf ein und wedle zaghaft mit der Schwanzspitze.

Da lacht sie auf einmal. „Du Racker! Du weißt ganz genau, dass ich dir so nicht widerstehen kann!"

Ich wedle jetzt mit dem ganzen Schwanz, dass mein Hinterteil gleich mitwackelt. Meine Ohren stellen sich auf. „Machst du ein Spiel mit mir?"

Sie scheint mich zu verstehen. „Wo ist das Bällchen?", fragt sie. „Such!"

Schon bin ich weg! Mit der Nase am Boden suche ich das Haus ab. Ich alter Schlamper, wo habe ich das Bällchen nur wieder hingetan? Immer muss ich danach suchen! Oder hat es etwa jemand versteckt? So wird es sein! Aber ich werde es schon finden ... Da ist es ja, im Flur unter dem Schuhschrank! Mit dem Bällchen trabe ich wieder hinauf. Die Mutter nimmt es in Empfang und wirft es die Treppe wieder runter. Ich fetze hinterher, schnappe es und trage es wieder hinauf. Nach ein paar Runden geht mir die Puste aus. Ich bleibe unten und lege mich im Wohnzimmer lang. So ein abwechslungsreicher Vormittag ist eine schöne Sache.

Ich bin wohl eingedöst, denn auf einmal spüre ich eine Hand auf meinem Kopf. „Hm? Was ist los?“

„Bleib nur ruhig liegen, Max“, sagt die Mutter. „Ich muss heute früher weg. Die Zwillinge kommen aber bald aus der Schule, du wirst also nicht lang allein sein. Sei schön brav, ja?“

Na klar, bin ich doch immer. Außerdem bin ich zehn Monate alt und damit ein fast erwachsener Hund. Ich werde doch wohl allein bleiben können! Außerdem bin ich noch müde, ich schlafe gern noch eine Runde. Bis ich aufwache, sind Daniela und Florian bestimmt da.

Uaah ... ich habe von einem großen Kauknochen geträumt. Der Traum kam mir so wirklich vor, dass ich aufgewacht bin. Ich gähne herzhaft, stehe auf und strecke mich. Zuerst hinten, dann vorne, dann ein anständiger Buckel. Jetzt ist die Wirbelsäule wieder geschmeidig. Ich schüttle mich und gähne noch einmal. Zufrieden mit mir und der Welt trotte ich in die Küche, um mich nach etwas Essbarem umzuschauen. Vielleicht liegt dort ja mein Traumknochen ...

Moment mal, hier stimmt was nicht. Irgendwie ist es ... ja, viel zu still! Habe ich das schon mal so erlebt? Nein, nicht einmal nachts. Da gibt es Geschnarche, Betten knarzen, Wäsche raschelt.

Doch jetzt tut sich gar nichts. Nur der Holzschrank im Flur knarrt leise und in der Küche tickt die Uhr. Diese Geräusche fallen mir sonst nie so deutlich auf! Warum ist es denn so still?

Weil ... weil ich allein bin! Wahu, sie haben mich vergessen! Ich sitze hier mutterseelenallein im Haus und niemand ist da! Vielleicht kommen sie nie mehr wieder? Daniela und Florian sollten doch schon lange aus der Schule zurück sein! Und wenn sie nun fort sind, das Nest verlassen haben? Ich weiß ja nicht, wie schnell Menschen wachsen. Und wo sind die Eltern? Haben sie das Haus auch verlassen?

„Wa-uu! Wu-u-uh! Wo seid ihr denn alle? Habt ihr mich vergessen? Wu-hu-hu! Ich bin so allein!“

Ich sitze im Wohnzimmer und heule, so laut ich kann. In der Wildnis machen die Verwandten das genauso. Wenn sie einsam sind, rufen sie sich zusammen. Sie sind Rudeltiere und dieses Erbe haben auch wir Hunde übernommen. Wir sind niemals allein, das geht gar nicht. Ohne Rudel kann man nicht überleben.

Ich heule und heule. Von tief bis hoch, die Tonleiter rauf und runter. Mein ganzer Jammer strömt aus mir heraus. Wie konnten meine Beschützer mir das nur antun? Ich hab mir doch immer so viel Mühe gegeben! Was habe ich denn angestellt, dass ich ausgestoßen werde? Ich mag das Haus nicht, wenn es so still ist!

„Whu-hu-huu!"

Ich schreie mich fast heiser, aber niemand hört mich. Keiner antwortet.

Dann muss ich mich wohl damit abfinden. Sie kommen nicht wieder. Dann kann ich das Haus ja jetzt hundegerecht gestalten und endlich all das tun, was mir sonst verboten ist!

Als Erstes fange ich mit den Schuhen im Flur an. Natürlich nehme ich nur die aus feinstem Leder. Ich packe sie nacheinander, beiße Löcher hinein, kaue sie gründlich durch und schleudere sie dann durch die

Gegend. Das ist jetzt Hundespielzeug, kein Mensch wird mir das mehr streitig machen.

Wuff, das hat gut getan. Jetzt fühle ich mich besser. Als Nächstes werde ich mir ein paar neue Lagerplätze einrichten. Zuerst im Bett ... ja, das große von den Eltern. Da kann ich mich gut drin ausbreiten. Mit einem Satz bin ich drin, schiebe die Decken herum, bis in der Mitte eine Kuhle entstanden ist, und wälze mich dann darin. Damit es beruhigend nach mir riecht, wenn ich das nächste Mal darin schlafen will, lasse ich gleich einige Haare zurück.

Im Bad scharre ich die Läufer zusammen, auch da kann ich es mir bequem machen. Vielleicht zu einem kurzen Nickerchen. Die Teppiche im Flur zur Treppe kehre ich ganz weg, die haben mich schon immer gestört.

Zuletzt muss ich mir einen Nahrungsvorrat zulegen. Ich weiß ja nicht, wann sich jemand an mich erinnern wird. Vielleicht Andreas von nebenan, aber das dauert sicher. Bis dahin kann ich ja verhungert sein!

Ich scharre mit den Pfoten an den Schränken in der Küche herum, bis ich Türen und Schubladen offen habe. Dann ziehe ich Schachteln und Beutel heraus, reiße sie auf und untersuche, was ich verwenden kann. Die Dosen bekomme ich leider nicht auf, da kann ich drauf rumkauen so viel ich will.

Zu dumm, ich finde nicht viel Essbares, und manches habe ich bei der Untersuchung versehentlich verschluckt. Soll ich den Rest vergraben? Ach, nein. Ich nehme sowieso die ganze Küche als Vorratslager, also kann ich es einfach liegen lassen, wie es ist.

Und dann könnte ich –

Mein Kopf ruckt hoch, meine Ohren richten sich steil nach vorn. Das war doch ein Schlüssel! Die Haustür geht auf!

„Wau! Wau-wau-uuh!“ Ich renne zur Tür, es ist die Mutter! Sie hat mich nicht vergessen! Ich liebe sie!

Stürmisch begrüße ich sie, springe an ihr hoch und kann mich kaum mehr beruhigen.

„Ja, Max, wie siehst du denn aus?“, fragt sie erstaunt. „Du bist ganz weiß, wie eingestäubt ... mit Mehl! Ach du liebe Zeit!“

Sie hastet in die Küche und ich folge ihr auf dem Fuß. Ihr Aufschrei lässt mich zusammenfahren.

„Oh, Max! Was hast du jetzt nur wieder angestellt!“

Ich? Aber gar nichts! Ich habe nur für magere Zeiten vorgesorgt! Genau wie die Ausgestoßenen in der Wildnis!

Die Mutter geht durchs ganze Haus. „Hier

warst du also auch", murmelt sie und dann: „O nein! Unser Bett!"

Na ja ... es ist ein guter Platz, finde ich.

Ich merke, dass sie meine Gründe nicht versteht. Aber sie schimpft nicht. Schließlich geht sie vor mir in die Hocke und streichelt mich.

„Armer Max, du bist ja ganz aufgelöst. Es tut mir Leid, so war das nicht geplant. Du kannst natürlich nichts dafür. Daniela und Florian werden dafür was zu hören bekommen! Und dann werden wir dich darauf trainieren, ein paar Stunden allein zu bleiben. So etwas kann schon mal vorkommen und dann musst du einfach darauf vertrauen, dass wir wiederkommen. Sonst", sie seufzt, „brauchen wir bald ein neues Haus, nicht nur neue Schuhe ..."

Ich schmiege mich an sie. Ich muss immer noch hecheln, so aufgeregt bin ich. Irgendwas ist heute absolut schief gelaufen, glaube ich. So ganz steige ich da nicht mehr durch. Aber ich kann nichts dafür. Ehrlich.

Als die Zwillinge bald darauf nach Hause kommen, begrüße ich sie stürmisch. Aber sobald ich den scharfen Kommandoton der Mutter höre, verkrümle ich mich sofort in mein Körbchen in der Küche.

„Wie sieht's denn hier aus?", ruft Florian empört.

„Eine gute Frage", antwortet die Mutter. „Die wollte ich gerade euch stellen."

Daniela schaut sich um. „Au weia", bemerkt sie. „Flo, halt lieber den Rand und hol Schaufel und Besen."

„Aber wieso, wenn Max –", fängt er an. Dann wird er etwas blass. Manches versteht er nur mit Zeitverzögerung – wie ich.

„Max war stundenlang allein, und das ist eure Schuld!", wettert die Mutter. „Wieso ruft ihr nicht an, wenn ihr nicht pünktlich heimkommt? Wo wart ihr überhaupt?"

Daniela setzt zum Reden an, wird aber vorher abgewürgt: „Das Eine sage ich euch: Das gibt ein Nachspiel. Wir sprechen heute Abend darüber, wenn Papa zu Hause ist. Bis dahin werdet ihr zuerst mit Max Gassi gehen und danach das Haus von oben bis unten auf Vordermann bringen!"

Die beiden schauen so zerknirscht, dass ich mich gleich mitschuldig fühle.

Vielleicht habe ich die beiden doch ein wenig in Schwierigkeiten gebracht ...

Ein neuer Freund

Einige Zeit lang herrscht der normale Alltagstrott. So habe ich es am liebsten – Beschäftigung, aber keine ständigen Veränderungen. Ich bin so ruhig und ausgeglichen, dass ich sogar meine geliebten Schuhe in Ruhe lasse.

Aber eines Nachmittags kommt Florian ziemlich abgehetzt nach Hause. Die Mutter ist gerade aus dem Haus gegangen.

„Wo ist Daniela?", will ich sofort wissen.

„Heute gibt's Probleme!", keucht mein junges Herrchen. „Max, ich muss mir was einfallen lassen, damit nicht wieder eine Katastrophe passiert. Ich hab's Mama gar nicht erst gesagt – aber ich kann nicht bleiben! Der Fußballclub hat heute Nachmittag überraschend ein Training angesetzt und da darf ich nicht fehlen! Das Dumme ist nur, dass Dani ausgerechnet heute ihre Englisch-Gruppenübungsstunde hat. Ich konnte sie nicht überreden zu schwänzen! Was mach ich jetzt nur?"

„Nimm mich doch mit!", schlage ich vor.

„Ich bleibe jedenfalls nicht allein zu Hause! Das kannst du vergessen!“

Sie haben ein paarmal versucht mich für kurze Zeit allein zu lassen. Das habe ich ihnen aber schnell ausgetrieben. So was kommt überhaupt nicht in Frage, ich bleibe nicht allein! Was ist, wenn ich wieder krank werde? Ich war als Welpe dumm genug, dass ich es mir hab gefallen lassen – aber heute nicht mehr!

„Ich weiß was!“ Florian läuft zum Telefon. Das ist ein komisches Ding: Man spricht mit jemandem, der gar nicht anwesend ist. Menschen lieben das. Ich finde das überflüssig. Am besten ist es doch, wenn wir alle zusammenbleiben!

„Hallo, Andreas?“

Was will er denn von unserem Nachbarn?

„Ich habe eine große Bitte: Kannst du für zwei Stunden auf Max aufpassen? Ich muss ins Fußballtraining und kann ihn nicht mitnehmen. ... echt? Super! Dafür hast du was gut! Ich komme gleich rüber!“

Florian holt seine Sporttasche, schnappt meine Leine und läuft zur Haustür. „Komm, Max! Du darfst einen Besuch machen!“

Ich gehorche, weil mir nichts anderes übrig bleibt. Aber so recht verstehe ich nicht, was das soll.

Andreas wartet schon an der Haustür. „Ich muss gleich weiter!“, schnauft Florian. „Noch mal danke – ich hole Max dann wieder ab! Und du bist schön brav, verstanden?“ Damit meint er mich.

„Wuff ... Florian, warte doch! Was mache ich denn hier ohne dich? Da bin ich doch gar nicht zu Hause! Ich komme lieber mit!“

„Max, bleib da.“ Andreas pfeift mich energisch zurück und hält mich am Halsband fest. „Florian ist bald wieder zurück. Wir beide werden schon miteinander zurechtkommen.“

Ich folge ihm ins Haus, aber immer wieder schaue ich mich um und hechle. Ganz geheuer ist mir das nicht. Ständig etwas Neues, ohne Vorbereitung! Auch für einen lernbegierigen Junghund kann das mal zu viel werden!

„Brauchst du Wasser? Hast du Durst?“

Nicht die Spur. Aber Andreas rollt in die Küche und dort gibt es sicher etwas anderes für mich. Ich schaue mich um. Die Anordnung der Räume und die Einrichtung ist anders. Könnte ich in so einem Haus leben? Zumindest riecht es nicht unangenehm.

Andreas stellt mir eine Wasserschüssel hin, aber ich beachte sie nicht. Mit leicht schief gelegtem Kopf schaue ich zum Kühlschrank.

Andreas lacht. „Ach so, ich verstehe." Er müht sich mit der Kühlschranktür ab. Leider kann ich ihm nicht dabei helfen. Aber schließlich hat er sie offen. „Wir könnten uns ein Schinkenbrot machen", schlägt er vor.

Damit bin ich sehr einverstanden. Er teilt das Brot gerecht auf. Danach rollt er ins Wohnzimmer und schaltet den Fernseher an. Ich setze mich neben ihn und lege den Kopf in seinen Schoß. „Warum bist du allein, Andreas?"

Er tätschelt meine Ohren. „Es ist eigentlich ganz schön, dass du da bist", murmelt er. „Da bin ich nicht so allein. Weißt du, meine Eltern müssen beide arbeiten. Der Bus bringt mich von der Behindertenschule nach Hause. Nicht mal auf eine normale Schule kann ich gehen, weil es dort keine Einrichtungen für Rollstuhlfahrer gibt! Und hier im Haus müssen wir auch erst noch umbauen. Es ist alles so verdammt schwierig, wenn man nicht laufen kann!"

Ich verstehe, was er meint. Und auch, weshalb er oft so schlechte Laune hat. Es ist wirklich nicht leicht für ihn. Und viel allein zu sein ist schlecht. Nicht nur für Hunde, auch für Menschen. Da bekommt man mit der Zeit doch einen Koller!

Wirklich gut, dass Florian und Daniela sich etwas um Andreas kümmern, aber sie haben natürlich auch noch anderes zu tun. Da ist es wohl nur richtig, wenn ich auch ein bisschen aushelfe. Nur, was kann ich mit Andreas machen?

Den ganzen Nachmittag vor dem Fernseher zu sitzen habe ich keine Lust. Gassi gehen können wir nicht, das sehe ich ein. Aber ein Spiel könnten wir doch machen! Ach, zu dumm, ich habe mein Bällchen drüben vergessen!

Und wenn wir in den Garten gehen? Dort findet sich bestimmt ein Stöckchen! Ich laufe zur Tür und belle.

„Was ist?“, fragt Andreas. „Musst du etwa Gassi?“

„Nein, ich will mit dir spielen! Komm mit in den Garten!“, waffe ich. Ungeduldig hüpfe ich vor der Tür auf und ab und belle auffordernd.

„O Mann, Florian, was hast du mir da nur aufgehalst?“, ruft Andreas verzweifelt. „Ich kenne mich mit Hunden doch überhaupt nicht aus!“

„Also, das wirst du doch wohl verstehen!“, kläffe ich. „Mach endlich auf!“

„Hoffentlich läufst du nicht weg“, befürchtet er.

Das würde ich nie tun, aber wie soll ich das Andreas begreiflich machen?

Endlich ist die Tür offen. Ich rase erst mal eine Weile im Kreis. Andreas kommt nicht mit hinaus, aber er schaut durch die Scheibe zu. Ich bleibe stehen, mein Atem geht stoßweise und zaubert Nebelwölkchen in die Luft. Der Himmel ist bedeckt und es schneit hauchfein. Noch zu wenig, um Flöckchenschnappen zu spielen.

„Was ist? Komm doch!“, belle ich Andreas zu.

„Geh schön Gassi!“, antwortet er.

„Sag mal, du spielst wohl überhaupt nicht viel?“ Er kapiert echt nichts! Ich gehe vorn nach unten in die Grätsche, setze mein lustigstes Spielgesicht auf, wedle hinten. „Waff! Wa-waff!“ Ich hüpfe wie ein Ball auf der Stelle, mache die tollsten Kunststücke. Dann gehe ich wieder in Spielstellung.

Endlich kommt er heraus! „Du willst wohl spielen?“, fragt er zögernd. „Aber wie soll ich das denn machen?“

Überlass das nur mir! Ich finde schon einen Weg. Mit der Nase am Boden stöbere ich bei den Büschen am Zaun, bis ich ein Stöckchen gefunden habe. Ich trage es zu Andreas und lasse es in seinen Schoß fallen. „Wuff!“

Da – sein Gesicht hellt sich auf. „Fang, Max!"

Er wirft das Stöckchen, aber nur hoch und nicht weit. Es fällt ihm fast auf den Kopf. Das macht nichts. Ich werde ihm dabei helfen, besser zu werden. Ich tue so, als wenn es ein ganz toller Wurf sei. Mit einem wilden Knurren stürze ich mich darauf, packe das Stöckchen und schleudere den Kopf hin und her, als wolle ich es zu Tode beuteln. Dann lasse ich es wieder in Andreas' Schoß fallen.

„Ach, das hat doch keinen Zweck, Max, ich kann einfach nicht werfen", lehnt er ab. Er hat schon wieder aufgegeben.

Aber ich nicht! Ich tanze vor ihm herum, jaffe und kläffe. Da wirft er noch einmal und schon viel besser.

Auf diese Weise spiele ich endlich mit Andreas. Allmählich hat er Spaß an der Sache gefunden und gibt sich richtig Mühe mit dem Werfen. Sein Arm ist ein bisschen schwach, aber er findet einen Trick, das Stöckchen trotzdem weit zu werfen. Ich bin ganz schön am Laufen!

Manchmal lasse ich das Stöckchen auch nicht gleich wieder los. Andreas zieht am einen Ende, ich am anderen. Ich bin natürlich vorsichtig, so grob wie mit Florian kann ich nicht spielen. Florian ist auch viel stärker. Trotzdem lacht Andreas, bis er nicht mehr kann.

„Max, ich muss jetzt rein. Ich bin fast erfroren“, sagt er schließlich und rollt ins Haus. Das ist mir recht, denn ich kann auch eine Pause brauchen.

Andreas‘ Zähne klappern richtig. „Ich hab g...gar nicht gemerkt, wie k...kalt es geworden ist“, schnattert er. „Ich könnte eine Decke brauchen, aber leider sind alle oben.“

Hm? Ich setze mich vor ihn und schaue ihn mit schief gelegtem Kopf aufmerksam an. „Kann ich dir helfen?“

„Decke?“, wiederholt er. „Verstehst du mich? Ich brauche eine Decke. Zum Aufwärmen. Such!“

Ich fange an zu suchen. „Nicht unten!“, ruft Andreas. Er deutet zur Treppe. „Oben! Such die Decke und bring sie mir!“

Alles klar! Ich trabe nach oben und stecke meine Nase in jedes Zimmer. Ich kenne mich hier schließlich nicht aus. Doch dann erkenne ich Andreas‘ Geruch in einem Raum und auf einem Stuhl sehe ich eine Decke. Ich packe sie an einem Zipfel und laufe wieder hinunter, mit der Decke im Schlepptau.

„Max, du bist super!“, staunt Andreas. „Was du alles kannst!“ Er wickelt sich in die

Decke. „Braver Hund.“ Zärtlich streichelt er mich. „Komm, gehen wir in die Küche, du hast eine Belohnung verdient.“

Das ist doch ein Wort!

Kurz darauf klingelt es und Florian steht draußen. Ich bin fast enttäuscht. Der Nachmittag hat mir sehr gut gefallen! Mit diesem Andreas kann man auskommen. Und ihm scheint das Ganze auch Spaß gemacht zu haben. Er schaut viel fröhlicher und munterer aus als sonst – das könnte er öfter gebrauchen.

Dieser Ansicht ist wohl auch Andreas. Er legt seine Arme um meinen Hals und schmiegt sein Gesicht an meines. „Auf Wiedersehen, Max“, flüstert er mir ins Ohr. „Das war ein wunderschöner Nachmittag. Ich werde ihn nicht so schnell vergessen. Hoffentlich bist du mal wieder bei mir.“

Zu Florian sagt er: „Ich nehme Max jederzeit gerne! Er ist wirklich ein braver und gut erzogener Hund. Und was er alles kann!“

„Ja, ich habe ihm auch eine Menge beigebracht“, erwidert mein Herrchen. „Noch mal vielen Dank, Andreas. Bist ein echter Kumpel. Wenn du mal was brauchst, melde dich einfach, okay?“

„Ja, klar. Und wie gesagt: Max kann jederzeit zu mir!“

Auf dem Weg nach nebenan merke ich Florians prüfenden Blick. „Was habt ihr denn gemacht?“ Seine Stimme klingt misstrauisch. „Er wollte dich ja gar nicht mehr hergeben!“

„Wir haben nur miteinander gespielt“, antworte ich harmlos. „Du hast deine Freunde und ich meine. Was willst du eigentlich? Wenn wir uns nicht vertragen hätten, hättest du eine Menge Ärger bekommen. So aber gibt es einen guten Platz für mich, wenn mal keiner da ist. Und Andreas ist dann auch nicht allein!“

„Wie ausgewechselt war er“, grübelt Florian weiter. „Das muss ich Dani erzählen.“

Dazu kommt Florian aber nicht gleich. Am Abend, als die Familie versammelt ist, hat der Vater eine wichtige Nachricht: „Der Termin für die nächste Auswahlprüfung ist angesetzt. Sie findet am ersten Wochenende im März statt. Da bleibt euch beiden nicht mehr viel Zeit fürs Training. Bis dahin ist Max fast ein Jahr alt, das heißt, er muss absolut fit sein. Wollt ihr es wirklich versuchen?“

„Na klar!“, antworten wir alle drei im Chor.

Das heißt, ich werde in der nächsten Zeit mit doppeltem Eifer dabei sein und aufs

Kommando gehorchen! Mir doch egal, ob die Katzen wieder auf mich herabsehen! So ist das nun mal, wenn man ein Team ist: Einer gibt den Ton an und alle machen mit. Das ist auch bei unseren wilden Verwandten, den Wölfen so! Sonst wären sie nie erfolgreich bei der Jagd. Das heißt doch noch lange nicht, dass ich deswegen unterwürfig bin. Denn meinen eigenen Willen behalte ich trotzdem – ich tue das, was ich für richtig halte!

Im März, hat der Vater gesagt. Ich habe ja keine Vorstellung, wann das sein mag. Einerseits wünschte ich, es wäre schon morgen so weit. Andererseits habe ich noch viel zu tun!

Max' großer Tag

„Heute ist es so weit, Max! Dein großer Tag ist da!"

Florian reißt mich aus seligem Schlummer. Ich bin aber sofort hellwach und springe aus dem Korb. „Fahren wir gleich los?"

„Nun mal langsam!", lacht mein Herrchen. „Zuerst gehen wir Gassi, dann bekommst du dein Frühstück und danach gehen wir noch mal mit der Bürste über dein Fell! Du willst doch sicher gut aussehen!"

Na und ob! Ob wohl auch meine Eltern dabei sein werden? Das wäre ja was, wenn sie zuschauen würden! Vielleicht nimmt sogar eines meiner Geschwister an der Prüfung teil? Das gäbe ein Wiedersehen!

Bestimmt werde ich als Bester abschneiden ... vielleicht auch als Zweiter. Aber danach darf ich dann endlich zur Polizei!

Ich bin sehr gut trainiert. An jedem Wochenende sind wir auf dem Hundeplatz eines Vereins gewesen. Dort haben viele Hunde dieselben Kommandos wie ich üben müssen, und es kam noch mehr dazu: Wie Florian es mir schon anfangs beigebracht hat, musste ich über Hürden springen, durch enge, dunkle Tunnel robben, Wände erklimmen und noch viel mehr. Es war alles sehr anstrengend. Danach war ich immer ganz kaputt und habe die ganze Nacht zur Erholung gebraucht. Aber schön war es trotzdem. Ich habe auch gelernt, wie man einen Verbrecher stellt und ihn mit den Zähnen am Arm packt. Ich finde alle versteckten Gegenstände, indem ich ihrem Geruch nachgehe.

Auch mit Andreas habe ich viel geübt. Zum Glück durfte ich öfter mal zu ihm nach drüben, wenn meine Familie unterwegs war.

Inzwischen kann ich sogar schon was für ihn einkaufen!

Anfangs ist Andreas mitgerollt. Nur ein paar Straßen weiter ist ein kleiner Laden, der lecker nach Wurst riecht. Andreas hat mir den Weg gezeigt. Dann hat er einen Zettel und Geld an meinem Halsband befestigt und mich an den Eingang des Ladens geschickt. Dort sollte ich so lange bellen, bis jemand kommt. Andreas hat um die Ecke versteckt auf mich gewartet.

Endlich kam Herr Otto, der Besitzer des

Ladens, und sah mich da sitzen – mit einem kleinen Korb im Maul. Den hat Andreas mir hingestellt, und als ich Herrn Otto kommen sah, habe ich den Henkel schnell ins Maul genommen.

„Du sollst wohl einkaufen?“, vermutete er und nahm den Zettel vom Halsband. Laut las er vor: „Guten Tag, Herr Otto, ich heiße Max. Andreas ist mein Freund. Er sitzt im Rollstuhl und kann leider nicht selbst kommen. Bitte, packe folgende Sachen in meinen Korb“, und dann kam die Liste.

„Warte schön hier, Max, ich bringe dir gleich die Sachen.“ Ich blieb brav sitzen. Ein paar Leute, die in den Laden wollten, mussten umständlich um mich herumsteigen, aber ich wich keine Pfotenbreite. Ich musste doch alles beobachten!

Schließlich kam Herr Otto mit dem vollen Korb wieder heraus. „Da ist dein Wechselgeld“, das steckt er mir ans Halsband, „und bevor du den Korb nimmst, bekommst du eine Belohnung.“

Ein Stück Ochsenschwanz! Lecker! Mit dreimal Kauen habe ich den Knorpel geknackt und weg ist er! Ich habe mir die Schnauze geleckt und mich artig mit erhobener Pfote bedankt. Herr Otto ergiff sie kurz. „Du bist aber ein hübscher und feiner

Bursche!“, lobte er mich. Das höre ich gerne! „Dann bis zum nächsten Mal, Max!“

Ich stolzierte mit dem Korb im Maul zu der Ecke, wo Andreas wartete. Er war ganz aufgeregt, weil ich alles richtig gemacht hatte. Er umarmte mich und überschüttete mich mit Lob.

So haben wir weiter geübt, bis ich eines Tages ganz allein von Andreas aus zum Laden und wieder zurückgelaufen war.

Unterwegs lasse ich mich durch nichts ablenken und ich stibitze auch nichts aus dem Korb. Schließlich bekomme ich immer eine saftige Belohnung.

So bin ich wohl gerüstet für meinen Tag der Prüfung. Wir fahren zur Staffel. Auf dem großen Platz tummeln sich schon viele Hunde, die alle dieselbe Prüfung machen wollen wie ich. Meine Geschwister sind leider nicht dabei. Mama und Papa kann ich auch nicht entdecken, die großen Gehege sind leer. Die anderen Hunde sind genauso aufgeregt wie ich. Manche sind jünger, andere sogar älter als ich. Bis auf wenige Ausnahmen sind wir alle Schäferhunde. Wir haben nicht die Geduld uns vorzustellen und ein höfliches Schwätzchen zu halten. Wir hecheln, zappeln und verdrehen die Augen vor Aufregung.

Zuerst sollen wir alle bei Fuß im Trab eine große Runde drehen, damit wir uns beruhigen. Daniela und Florian laufen beide mit mir. Ich gebe mir Mühe, möglichst schwungvoll und gleichmäßig zu laufen. Jetzt darf ich bloß nicht über eine Bodenwelle stolpern oder meine Beine verwechseln!

Aber es geht alles gut. Nach der Runde müssen wir im Kreis, wie wir sind, „Sitz" machen. Unsere Herrchen oder Frauchen müssen die Leinen lösen und sich mit „Platz" entfernen. Wir dürfen uns nicht nach ihnen umdrehen.

Zwei Hunde halten es nicht lange aus. Sie laufen los – und fliegen sofort raus. Pech gehabt!

Jetzt sind wir schon weniger. Wenn der Rest von uns es schafft, dürfen wir dann alle zur Polizei? Ich hoffe es. Bestimmt wären wir ein gutes Rudel und den Menschen eine wertvolle Hilfe.

Die weiteren Übungen sind sehr einfach, ich kann sie auswendig. Inzwischen bin ich auch nicht mehr aufgeregt. Ich weiß ja, dass ich alles kann.

Allerdings frage ich mich, was noch alles an Ausbildung auf mich zukommt, wenn ich jetzt schon so viel machen muss!

Zwischendurch gibt es mal eine Pause.

Wir sind wieder weniger Teilnehmer, ein paar Hunde hatten keine Lust mehr. Die Prüfer laufen jetzt herum und fragen nach unseren Namen, der Herkunft und all so was. Und sie schauen uns genau an.

„Ja, da ist also der Max“, sagt eine wohl bekannte Stimme. Das ist doch Papas Herrchen! „Lass dich mal anschauen, Kleiner.“

Er schaut mir ins Maul und in die Ohren, tastet mich ab und streichelt mich dann. „Bist ein braver Kerl. Gute Anlagen. Aufmerksame, wache Augen, lebhafter Charakter, aber willig. Dann zeig mal dein Bestes!“

Aha, jetzt wird es also ernst!

Wir werden auf einen anderen Platz geführt. Dort sind die Hindernisse aufgebaut, die wir in einer bestimmten Zeit bewältigen müssen. Hui, die Wand ist aber ganz schön hoch! Und so steil! Bin ich denn eine Katze, dass ich da rüber soll?

Ich muss mich in die Reihe stellen. Einer nach dem anderen werden wir aufgerufen. Ich schaue meinen Artgenossen interessiert zu. Sie sind ziemlich gut. Sie meistern alle Hindernisse und lassen sich auch durch Engpässe nicht aufhalten oder von plötzlichem Lärm ablenken. Zuletzt müssen sie über die Wand. Ich passe genau auf, wie sie es machen. Wuha! Der Erste ist drüber!

Wau, ein starker Kerl! Die anderen schaffen es aber nicht. Sie versuchen es zweimal, aber sie kommen nicht drüber. Aber sie sind nicht gleich ausgeschieden. Anscheinend wird hier geprüft, ob man den Willen dazu hat und es vielleicht durch mehr Training schaffen könnte.

So, jetzt bin ich an der Reihe. Also, die ganze Runde muss ich laufen, in einer bestimmten Reihenfolge, so schnell wie möglich und ohne Fehler. Ganz schön viel wird da von einem verlangt! Na dann los!

Ich laufe und springe, robbe und krieche. Es ist ein weiter, harter Weg. Aber ich darf nicht schlappmachen, die anderen haben es auch geschafft. Und ich will unbedingt unter den Besten sein!

Florian und Daniela begleiten mich, geben Anweisungen und ich mache alles wie im Schlaf. Aber es ist sehr anstrengend. Ich muss wirklich das Letzte aus mir herausholen und das Schwerste steht mir noch bevor: Die Holzwand!

Ich nehme Anlauf, renne so schnell ich kann, stoße mich ab und versuche so hoch wie möglich zu springen. Mit allen vier Pfoten arbeite ich, um mich abzustoßen und es bis nach oben zu schaffen. Ich schnelle wie ein Pfeil steil nach oben, die Wand saust an mir vorbei.

Ich schaffe es! Ich fühle mich ganz leicht, fast als hätte ich Flügel. Gleich stoße ich mich ab und dann bin ich schon drüber ...

„Wu-upf!“ Was, wieso ist da immer noch die Wand? Ich hätte mit den Vorderpfoten schon oben sein müssen! Meine Krallen kratzen über das Holz, verzweifelt schleudere ich mich noch einmal hoch ... aber ich komme nicht bis nach oben. Die Wand ist einfach zu hoch.

Die Kräfte verlassen mich und ich plumpse wie ein Sack zu Boden.

„Das macht nichts!“, ruft der Prüfer, der bei der Wand gewartet hat. „Das schaffen die Wenigsten beim ersten Mal! Jetzt keine Pause, weiter, weiter! Mir nach!“

„Los, Max!“, rufen die Zwillinge.

Mir hängt die Zunge bis zum Boden. Ich würde viel lieber erst ein bisschen Luft schnappen. Aber ich laufe los, um die Wand herum, auf einen anderen Platz. Ein ganzes Stück vor mir läuft jemand mit einer dicken Binde um den rechten Arm.

„Fass!“, ruft der Prüfer. „Fass!“, wiederholt Florian. „Los, Max, schnapp ihn dir! Er ist ein Dieb!“

Er ist schon ein gutes Stück weg und ich bin

ziemlich ausgelaugt. Aber ich habe keine Wahl. Ich spurte los, renne dem Mann hinterher. Er schwenkt den Arm. Dort muss ich mich festbeißen und darf nicht mehr loslassen. Ich kenne diese Übung. Vor allem muss ich den Mann mit meinem Gewicht zum Stehen bringen, ihn am besten umwerfen.

Kein Mensch kann so schnell rennen wie ein Hund. Selbst, wenn der Hund schon ziemlich müde ist. Ich hole den Mann ein und springe, um ihn zu packen. Er dreht sich um und ich verfehle ihn. Aber ich falle nur kurz ins Leere, er gewinnt lediglich ein paar Schritte. Gleich bin ich an ihm dran und jetzt packe ich zu, so fest ich kann. Ich stemme mich gegen ihn.

Aber was ist das? Der Mann reißt einfach den Arm hoch und schüttelt mich wie eine Fliege ab. Ich sause nur so durch die Luft und pralle ein ganzes Stück entfernt auf den Boden. Es presst mir die Luft aus den Lungen und ich bleibe erst mal atemlos liegen.

„Max!“ Daniela und Florian sind bei mir und knien besorgt nieder. „Ist alles in Ordnung?“

Na klar ist alles in Ordnung. Ich bin bloß fix und fertig. Und wenn ich diese Übung wiederholen muss – ich gehe keinen Schritt mehr. Ich hechle, meine Flanken fliegen, ich brauche Luft und Ruhe.

„Tja, das habe ich befürchtet“, sagt jemand. Papas Herrchen ist bei uns. „Er ist ein toller Hund und ich bin erstaunt, dass er bisher so gut durchgehalten hat. Ich habe euch aber auch gesagt, dass Max nicht die nötige Ausdauer aufbringen wird. Jetzt hat es sich bewahrheitet. Und er ist zu leicht, um einen Verbrecher halten zu können.“

Das stimmt leider. Damals, in der Stadt, habe ich den Dieb auch nicht aufhalten können. Das gelang erst Papa.

„Was bedeutet das?“, fragt Florian unglücklich.

„Er ist durchgefallen“, antwortet der Prüfer.

Was? Was hat er da gesagt?

„Es ist schade, denn er hat einen ausgezeichneten Charakter. Wenn er kräftiger wäre, würden wir ihn sofort nehmen. Aber selbst mit intensivem Training kann er es nie schaffen. Es würde ihn umbringen. Und das wollt ihr doch sicher nicht.“

Wieso mich umbringen? Gebt mir doch ein paar Augenblicke, um Luft zu schnappen, dann mache ich gleich weiter!

„Nein, das wollen wir natürlich nicht“, murmelt Daniela. „Dann ist es vorbei?“

Vorbei? Ich verstehe immer noch nicht! Ich war doch gut!

„Eine Chance hat er noch", antwortet Papas Herrchen. „Er könnte als Schnüffelhund eingesetzt werden."

Was ist das denn wieder?

„Er hat eine sehr gute Nase", versichert Florian. „Er findet alles!"

Ach so, jetzt muss ich also Fährtenhund spielen. Na meinetwegen. Ich stehe auf und schüttle mich. „Wuff! Ich bin bereit!"

Wir kommen auf ein anderes Gelände mit einer Halle. Sie ist voll gestopft mit jeder Menge Gerümpel und es stinkt ganz schön. Das Gelände ist umgegraben, dort liegt ebenfalls viel Müll, Erdhaufen, totes Holz. Auch dort stinkt es.

Der Prüfer hält mir einen Plastikbeutel mit weißem Pulver unter die Nase. Pfui, das riecht ja ekelhaft!

„So, nun such schön! Such!"

Was, dieses Zeug soll ich erschnuppern? Wozu das denn?

„Na los, Max! Such!"

Also gut, weil ihr es seid. Ich setze die Nase auf den Boden und laufe zuerst im Gelände, dann in der Halle. Ich schnüffle und schnüffle. Meine Nase ist schon ganz taub von den vielen anderen scharfen

Gerüchen. Das ist ja schlimmer als beim Tierarzt! Was sollte ich doch gleich suchen? Richtig, diesen blöden weißen Beutel. Ich glaube, da hinten, unter ein paar Brettern kann ich so was riechen. Ich ziehe den Beutel heraus und bringe ihn zu Florian.

„Such weiter!"

Was, da gibt es noch mehr? Was für eine dumme Aufgabe! Wenn ihr vergessen habt, wo eure Beutel sind, sucht sie doch selber! Aber ich bin ja nicht so. Ich laufe und suche. Zwei Beutel finde ich noch. Dann habe ich keine Lust mehr. Ich bringe alles Mögliche, was ähnlich riecht und bleibe schließlich sitzen. Kein Kommando kann mich jetzt mehr losjagen. Ich bin hungrig und müde und ich finde das ein ganz doofes Spiel. Für Andreas würde ich jederzeit etwas suchen, weil er es nicht selbst kann. Aber hier? Pusteblume! Ich bin doch nicht blöd!

Erwartungsvoll schaue ich Florian und Daniela an. Aber was machen sie denn für Gesichter?

„Ach, Max", sagt Florian. Es klingt wütend. „Das hättest du nun wirklich besser machen können!"

Wieso? Ich habe doch was gefunden?

Der Prüfer hält mir etwas anderes unter

die Nase. Ich kann kaum den Geruch aufnehmen, so leicht ist er. „Ein letztes Mal“, fordert er mich auf. „Such!“

Nee. Da schnüffle ich mir ja die Nase wund. Sicher könnte ich das Ding finden – irgendwann. Aber dazu habe ich einfach keine Lust, nicht jetzt. Ich bleibe sitzen und gucke ihn fragend an.

„Das war's.“

Na endlich! Bestimmt sollte damit nur geprüft werden, ob ich auch selbstständig denken kann, was die Katzen immer bestreiten! Ich springe an den Zwillingen hoch. Bin ich jetzt fertig? Habe ich es endlich geschafft? Auf welchem Platz bin ich?

„Tut mir Leid, Max.“ Der Prüfer streichelt mich. „Du kannst es, aber du bist viel zu verspielt und nicht ausreichend konzentriert.“

„Gibt es denn gar keine Chance mehr für ihn?“, fragt Florian niedergeschlagen.

„Nun, ich denke, es ist besser so. Ich kann mir vorstellen, dass es ihm auf Streife einfach zu langweilig wird. Max ist sehr intelligent und stellt hohe Ansprüche. Er will beschäftigt sein – und etwas tun. Die Ruhezeiten würden ihn nervös machen. Man merkt es jetzt schon. Es dauert ihm zu lange und er hat keine Lust mehr. Das geht aber nicht, wenn nach Drogen oder Schmuggelware gefahndet wird. In dieser Hinsicht ist kein Verlass auf ihn."

„Aber zu Hause hat er doch immer alles gemacht", verteidigt mich Daniela.

„Ich vermute mal, dass er darin ein sinnvolles Spiel sah. Das hier interessiert ihn aber nicht. Ich weiß nicht, ob wir es ihm später begreiflich machen können. Zumindest könnt ihr stolz auf ihn sein, er hat sich tapfer geschlagen. Ich hätte nie geglaubt, dass er so weit kommt, als ich ihn damals nach der Geburt gesehen habe."

Also, das bedeutet wohl, dass ich jetzt endgültig raus bin? Dann wird es nichts mit den Orden und Heldentaten? Ja, was mache ich denn nun?

Feuer!

Florian benimmt sich seit der Prüfung ganz komisch, als könne er mich nicht mehr leiden. Er hat mich sogar schon mal Versager genannt.

Das verstehe ich nun wirklich nicht. Gleich zu Beginn sind doch schon zwei rausgeflogen und ich habe es viel weiter geschafft!

Natürlich bin ich enttäuscht, dass ich nicht Bester geworden bin und nicht zur Polizei darf. Aber andererseits muss ich auch nicht den ganzen Tag auf hartem Pflaster durch die Stadt latschen oder in einem Zwinger auf Arbeit warten. Wenn ich es mir recht überlege, ist es so vielleicht nicht schlecht. Denn eigentlich bin ich lieber bei Andreas und helfe ihm. Das könnte ich doch gar nicht mehr, wenn ich Polizeihund wäre.

Bei den nächsten Spaziergängen bin ich natürlich erst mal das Gespött der anderen Hunde und vor allem der Katzen. Solche Nachrichten sprechen sich immer schnell herum. Vielleicht hätte ich doch nicht so voreilig prahlen sollen?

Allerdings bekomme ich Unterstützung von Mira und Moro, die ich mal wieder im Park treffe. Sie trösten mich.

„Mach dir nichts draus, Max. Es gibt noch viele andere Möglichkeiten für Hunde." Und Mira erzählt mir von ihren eigenen Heldentaten. Sogar im Zoo hat sie mal einen Jungen vor einem Bären beschützt! Und im Fernsehen war sie! Wau! Das merkt man ihr gar nicht an. Weder sieht sie aus wie ein Polizeihund, noch prahlt sie ... äh, so wie ich.

Lange habe ich aber nicht Zeit, Trauerkloß zu spielen. Es gibt jetzt Wichtigeres für mich. Neulich, beim Gassigehen, umwehte mich nämlich ein interessanter Duft, der mich die Prüfung, mein Versagen und alles andere schnell vergessen ließ.

Diesen Duft habe ich früher nie bemerkt, obwohl er sicher hin und wieder in der Luft lag. Aber jetzt bin ich erwachsen und da fällt mir so was auf.

Die meiste Zeit geht Daniela jetzt mit mir raus, weil Florian schildkrötig ist. Ich weiß nicht, ob er mich überhaupt noch mag. Als ich meinen Geburtstagsknochen bekommen habe, weil ich ein Jahr alt geworden bin, hat er mich nicht beglückwünscht wie die anderen. Mir hat das ja nicht viel gesagt, dass ich Geburtstag habe. Mein Zeitgefühl reicht nicht so weit wie bei Menschen. Was mir aber sehr gut gefallen hat, waren die vielen Leckereien, die ich ausnahmsweise mal bekommen habe. Und ich habe nicht mal schlimmes Bauchweh davon bekommen!

Aber selbst Florians Verhalten kümmert mich im Moment nicht. Dieser Duft benebelt meinen Verstand. Immer wieder muss ich Daniela überreden die Richtung zu wechseln und danach zu suchen. „Was hast du denn nur?“, fragt sie genervt. Aber sie gibt nach, wie meistens. Sie ist bei weitem nicht so streng und ungeduldig wie Florian.

Oh, ich bin am Ziel! Hier am Zaun duftet es betörend und da steht ...

„Hallo, Süßer“, haucht eine verführerische Stimme.

„Ha...hallo“, stammle ich. „Ich bin Max.“

„Ich bin Jara.“ Ich ziehe Daniela zum Zaun und strecke meine Nase hindurch. Wau, sie sieht gut aus! Klein und schlank, mit langen Beinen und einer spitzen Nase.

„Du bist noch jung, stimmt‘s? Dein erstes Mal?“

„Ja, glaub schon.“ Ich kapier nicht, was sie da redet. Ihr Duft kostet mich noch den Verstand. Da möchte ich ... ich möchte bei ihr sein. „Kann ich zu dir?“, bettle ich.

Jara lacht. „Meine Menschen lassen mich während ich läufig bin nicht raus und der Zaun ist viel zu hoch. Aber sei nicht traurig. Es gibt noch andere wie mich, die vielleicht besser erreichbar sind. Komm, gib mir einen Kuss ...“

Unsere Schnauzen berühren sich. Dann zerrt Daniela energisch an der Leine. „Max, du Tölpel, komm endlich! Du bist ja ganz verdreht, was ist denn los?“

Ach, Jara. Jara, du bist wunderschön! Dein Duft begleitet mich jeden Tag beim Gassi-gehen und ich träume von einem Leben mit dir ...

Ich schwebe eine Zeit lang wie auf Wolken. Manchmal darf ich Jara am Zaun besuchen, aber leider nie zu ihr hinein. Doch eines Tages ist der Duft weg und ich komme wieder zu mir. Ohne den Duft fühle ich mich ziemlich ernüchtert und muss auch nicht mehr ständig an Jara denken.

Und das ist vielleicht ganz gut so, denn jetzt darf ich wieder zu Andreas. Florian scheint nichts dagegen zu haben, denn er ist wohl immer noch böse auf mich. Und

Daniela ist viel mit ihren Freundinnen unterwegs. Sie will mich nie mitnehmen. So können Andreas und ich viele Nachmittage miteinander verbringen und das genieße ich sehr. Andreas' Vater hat uns ein Zuggeschirr für Hunde mitgebracht. Andreas hat ja ein bisschen Probleme mit seinen Händen, deswegen geht er nur selten raus. Er hat Angst, dass er keine Kraft für die Heimfahrt mehr hat. Jetzt braucht er diese Sorge nicht mehr zu haben: Dann legt er einfach das Geschirr um mich und ich ziehe ihn mitsamt Rollstuhl nach Hause. Natürlich langsam und mit Pausen, damit mir die Puste nicht auch noch ausgeht. Ich habe schnell kapiert, wie das geht, und ich mache es gern für meinen Freund. Ich bin schon fast wie ein menschlicher Kumpel für ihn. Andreas spricht über alles mit mir, wir teilen alles und ich bin glücklich, wenn ich ihm helfen kann. Da fühle ich mich so ausgeglichen, dass ich daheim überhaupt nichts mehr anstelle und die Zwillinge nicht in Schwierigkeiten bringe.

Eines Abends haben sich die Eltern miteinander verabredet. Florian und Daniela sollen bei Andreas drüben übernachten und ich bin natürlich auch dabei. Wie lustig, eine Party! Leider beschäftigen sie sich kaum mit mir, aber ich schaue gern zu. Sie machen Popcorn, gucken Videos, machen Videospiele und all so was. Dann gehen wir alle miteinander Gassi. Anschließend ist es zu spät, um noch was auf die Beine zu stellen. Die Zwillinge transportieren Andreas nach oben und wir gehen alle in seinem Zimmer schlafen. Andreas im Bett, wir drei auf einem Matratzenlager am Boden. Es ist ja etwas eng, aber für mich toll: Das ganze Rudel beisammen und auch noch auf engstem Raum!

Mitten in der Nacht wache ich auf. Ich glaube, ich habe etwas gehört. Sind die Eltern zurück? Nein, es klang anders. Irgend-wie ... wie ein Knistern. Ich stehe auf und lausche aufmerksam. Meine menschlichen Freunde schlummern selig. Aber sie haben natürlich keine so feinen Sinne wie ich. Nur ihre Augen sind besser. Aber jetzt ist es ziemlich finster, da brauche ich keine Augen.

Vorsichtig steige ich über Daniela und tapse auf den Gang. Sämtliche Haare stellen sich mir auf. Ich spüre Gefahr, aber ich verstehe sie nicht. Was soll ich tun? Meine Nase bewegt sich heftig.

Dann habe ich ihn plötzlich aufgefangen, diesen furchtbaren, stechenden Geruch nach Qualm und Verbranntem.

„Wau! Wauwauwau! Es brennt! Wacht auf, schnell! Wir müssen sofort fliehen! Wau! Wauuu!"

Endlich rühren sie sich. Ich erkenne undeutlich Danielas verschlafenes Gesicht. „Max, was hast du denn? Spinnst du?"

„Feuer, Feuer!", belle ich. Ich springe ins Zimmer, auf den Gang, immer hin und her. „Los, wir müssen raus hier! Große Gefahr!"

Andreas und Florian kommen zu sich. „Sag dem verdammten Köter, er soll endlich die Schnauze halten!", beschwert sich Florian.

„Ich weiß nicht, er hat irgendwas", meint Andreas.

„Und ob ich das habe! Jetzt seid doch nicht so begriffsstutzig!" Ich führe mich auf wie ein Irrer, packe Danielas Schlafanzug und zerre wild daran. „Raus hier, los!"

Daniela wird auf einmal blass. „Menschenskind, riecht ihr das auch? Es brennt irgendwo!"

Das bringt alle auf die Beine. Na ja, fast alle. „Was machen wir denn jetzt?", ruft Andreas in höchster Panik. Natürlich würde er am liebsten fortlaufen, aber wie? Ich kann verstehen, dass er Angst hat. Und leider kann ich ihn nicht tragen.

Daniela rennt nach unten und ich folge ihr. Beißender Qualm dringt durch die Ritzen der Kellertür. „Es kommt aus dem Keller! Vielleicht ist dort irgendein Kabel durchgeschmort!“ Sie hastet zum Telefon. „Florian, sieh zu, dass du Andreas runterbringst! Ich rufe die Feuerwehr!“

Na, hoffentlich bleibt uns dazu noch genug Zeit! Ich renne kläffend wieder nach oben.

„Du bist vielleicht ein schwerer Brocken!“, beschwert sich Florian. Dann brüllt er nach unten: „Dani, ich schaff's nicht allein! Komm und hilf mir!“

„Ich komm ja gleich!“, schreit Daniela zurück.

„Wenn ich nur laufen könnte!“, klagt Andreas hilflos. „Ich bin einfach zu nichts nutze!“

„Red keinen Schwachsinn!“, unterbricht ihn Florian unwirsch. „Es brennt schließlich nicht jeden Tag! Du gehst mir echt auf den Wecker mit deinem dauernden Selbstmitleid!“

Was soll ich tun? Ich renne rauf und runter, immer zwischen den Zwillingen hin und her. Es macht mich verrückt, dass ich

Andreas nicht helfen kann. Dann fällt mir sein Rollstuhl ein, der unter dem Treppenbogen steht. Wenn ich ihn bis zur Treppe schiebe, kann Florian ihn hineinsetzen. Ja, das ist eine gute Idee! Mit meinem vollen Gewicht stemme ich mich dagegen – er bewegt sich! Er ist nicht festgestellt, ich kann ihn rollen. Ich schiebe ihn zur Treppe.

„Max, du bist genial!", ruft Daniela. Sie ist gerade auf dem Weg nach oben. Florian hat Andreas inzwischen auf den Gang gezogen und gemeinsam schleppen sie ihn die Treppe hinunter.

„Die Feuerwehr ist bestimmt gleich da!", verspricht Daniela.

Ich sehe Flammen, die unter der Kellertür durchschlagen. Nicht mehr lange und das Feuer ist durch. Dann sind wir verloren!

Irgendwas muss ich tun, sonst werde ich verrückt. Ich renne zur Haustür. Beim Training habe ich gelernt, wie man die Klinke herunterdrückt und aufmacht. War es also doch für etwas gut! Ich stoße die Tür sperrangelweit auf und renne nach draußen. Dort belle ich so laut ich kann. Irgendwie muss ich die Nachbarn wachkriegen, damit sie uns helfen! Es ist höchste Zeit.

Da, endlich gehen ein paar Lichter um uns herum an. Ich belle und belle. Dann renne ich zu verschiedenen Eingängen und klingle. Das hat Andreas mir auch mal beigebracht, wenn wir jemanden besuchen und die Klingel ist zu hoch für ihn. Ich kann mich aufstellen und mit der Pfote auf den Knopf drücken. Und genau das mache ich jetzt auch. Mir egal, ob ich deswegen noch Ärger bekomme – es geht um Andreas.

Türen gehen auf, Schimpfworte schwirren um mich herum. Ich hüpfe auf der Straße herum und belle, belle, belle. Die Nachbarn kennen mich alle. Sie wissen genau, dass ich kein dumpfer Kläffer bin, der seine Langeweile damit vertreiben will. Sie müssen begreifen, dass es ernst ist!

Da, endlich kommen welche! Sie rufen sich gegenseitig etwas zu, und ich verstehe aus dem Durcheinander nur „Kinder“ und „Feuer“. Wuffiie, sie haben‘s kapiert!

Einige Männer rennen zu Andreas‘ Haus. Gleich darauf bringen sie Andreas heraus, gefolgt von Florian und Daniela. Nachbarinnen warten schon mit Decken auf sie. In der Ferne höre ich die laute Sirene der Feuerwehr.

Wiuh, wir haben es gerade noch geschafft!

Die Feuerwehr trifft bald darauf ein und macht sich an die Arbeit. Zum Glück lässt sich das Feuer schnell eindämmen, es hat noch nicht das ganze Haus erfasst. Das wäre eine Katastrophe gewesen! Andreas hätte sein Nest verloren, wo hätte er dann leben sollen?

Ich bekomme eine Menge Streicheleinheiten und gute Worte, weil ich ein so kluger Hund bin.

Bald darauf kommen die Eltern zurück. Sie sind zutiefst erschrocken, die Feuerwehr und uns alle draußen zu sehen.

„Max hat uns gerettet!“, ruft Andreas. „Er ist der tollste Hund der Welt!“

Ich? Aber geh!

Bekomme ich dafür einen Orden?

Die Entscheidung

Wau, wer hätte das gedacht: Ich, Max, der Schwächling, habe meine Freunde aus dem Feuer gerettet!

Überall muss ich meine Runde machen, Streicheleinheiten und Leckereien abholen. Herr Otto hat sogar eine besonders große Tüte Markknochen, Ochsenschwanz und Wurst für mich. Leider darf ich nicht alles auf einmal verschlingen, weil ich mich sonst überfressen könnte und dann krank werde – sagen die Menschen. Als ob die was von Markknochen verstehen.

Jara, meine erste große Liebe, bewundert mich auch sehr. Ich treffe sie auf der Straße, seit sie nicht mehr läufig ist, und sie begrüßt mich immer mit einem Kuss. Zärtlich leckt sie meine Schnauze.

Andreas will mich gar nicht mehr loslassen, wenn wir uns sehen. Immer wieder umarmt er mich und drückt sein Gesicht in mein weiches Fell. Dabei entwischen ihm heimlich ein paar Tränen, aber das merkt niemand außer mir.

„Ich hab dich so lieb, Max", flüstert er mir ins Ohr. „Du bist mein bester Freund. Ich weiß gar nicht mehr, was ich ohne dich machen soll!"

Ehrlich gesagt, weiß ich das auch nicht. Ich meine, was ich ohne Andreas machen soll. Ich bin so daran gewöhnt, für ihn da zu sein. Besorgungen zu machen, Sachen zu bringen.

Seit wir das Geschirr haben, gehen wir gerne raus. Andreas besucht andere Kinder oder wir rollen sogar ins Behindertenzentrum in der Nähe. Dort kann er mit seinen Händen üben, Gymnastik machen oder den Umgang mit dem Computer lernen. Danielas Mutter hat ihm das mal vorgeschlagen, weil er doch nicht auf eine normale Schule gehen darf.

„Das ist aber noch lange kein Grund, dich deswegen im Schneckenhaus zu verkriechen", hat sie energisch zu Andreas gesagt. „Es gibt andere Möglichkeiten für dich, aus dir etwas zu machen – du musst es nur selbst wollen."

Ich glaube, mit mir an seiner Seite hat Andreas keine Furcht vor der Welt mehr. Vorher war er griesgrämig, weil er glaubte, dass ihn alle immer nur schief anschauen und auslachen. Oder sich nur aus Mitleid mit ihm abgeben. Und er war traurig, weil er nie so sein konnte wie andere Kinder.

Jetzt hat er eingesehen, wie dumm das war. Im Behindertenzentrum gibt es genügend Kinder, die dasselbe Problem haben wie er. Sie können miteinander lernen damit umzugehen. Und ich bin immer dabei und passe auf.

Na ja ... fast immer. Wenn die Zwillinge daheim sind, muss ich natürlich auch da sein. Florian hat mir endlich verziehen, dass ich kein Polizeihund geworden bin. Er hat erkannt, dass ich trotzdem ein Held sein kann.

Ich weiß nicht, irgendwie bin ich hin- und hergerissen. Daniela und Florian haben mich aufgezogen und ich habe sie wirklich sehr lieb. Aber Andreas braucht mich nun mal, während die beiden immer selbstständiger werden. Was kann ich da nur machen?

Draußen ist es herrlich, die Bäume tragen Blätter, das Gras steht dicht und weich und mir ist so richtig nach Herumtoben. Es ist Sonntagmorgen, also nichts wie raus! Da gibt's keine Ausreden! Ich sause in die Küche, wo meine Familie beim Frühstück versammelt ist.

„Wau, wau! Wuff!"

Niemand beachtet mich. Was soll das denn bedeuten? Merken sie gar nicht, wie schön es draußen ist?

Ich bleibe hechelnd stehen und schaue abwartend von einem zum anderen. Warum schmollt Florian? Und warum – weint Daniela?

Verdutzt setze ich mich hin und spitze die Ohren. Da bin ich ja mitten in was hineingeraten! Schade, ich habe den Anfang verpasst.

„Aber Papa, wir können doch nicht einfach ...", schluchzt Daniela. „Er ist unser Hund!"

Wie bitte? Geht's etwa um mich?

„Max ist nun mal ein Hund, der nicht allein bleiben kann", sagt ihr Vater. „Ihr wisst ganz genau, wie er das Haus immer auf den Kopf stellt. Ich glaube, er braucht eine Aufgabe."

„Ich bin nicht ständig da", fügt ihre Mutter hinzu. „Und Max will immer etwas tun, gefordert werden. Sonst wird ihm langweilig. Wir dachten, dass es eine gute Lösung wäre ..."

„Aber warum müssen wir nachgeben?", murrt Florian. Ich sehe, dass auch er mit den Tränen kämpft.

Ich gehe zu ihm und lege meinen Kopf in seinen Schoß. Tröstend schaue ich zu ihm hoch und wedle zaghaft. Ich weiß zwar immer noch nicht, was los ist, aber bestimmt kann man es wieder gutmachen.

„Ach, Max!“ Daniela kommt zu mir und umarmt mich. Was haben sie denn nur alle? Sie guckt zu ihrem Vater. „Papa, das kannst du einfach nicht tun!“

Der Vater schaut unglücklich. „Natürlich zwinge ich euch nicht dazu. Aber ich wollte Andreas gern eine Freude machen. Ich finde, er hat ziemlich viel durchgemacht.“

Mein Kopf ruckt in die Höhe. Was hat er da gesagt? Was hat Andreas damit zu tun?

„Also, ehrlich gesagt“, sagt die Mutter leise, „ich glaube, dass Max inzwischen mehr an Andreas hängt als an uns.“

„Das ist nicht wahr!“, ruft Florian empört.

Ich schaue ihn traurig an. Es stimmt aber. Ich muss immer an Andreas denken. Und wenn ich abgeholt werde, gehe ich gar nicht mehr so gern mit.

Daniela, die noch neben mir hockt, streichelt mich. „Stimmt das, Max?“, flüstert sie.

„Wiih.“ Ich winsle und lege meine Pfote auf ihren Schoß. Mit meiner großen schwar-zen Nase stupse ich sie an.

„Florian, sei mir nicht böse“, bittet der

Vater. „Max hat ein großes Talent als Behinderten-Begleithund. Er kann so viel! Fändest du es nicht schade, wenn er sein Talent nicht sinnvoll einsetzen darf? Und er verlässt uns ja nicht ganz. Andreas wohnt nebenan, ihr könnt Max so oft sehen, wie ihr wollt."

Florian macht jetzt ein nachdenkliches Gesicht. Daniela schluckt. „Na ja, Andreas könnte dann natürlich viel mehr machen ..."

„Ein ausgebildeter Begleithund kostet normalerweise sehr viel Geld", sagt die Mutter. „Und ihr wolltet doch Andreas helfen ein weitgehend normales Leben zu führen ..."

„Aber ich meinte damit bestimmt nicht, Max herzugeben!", ruft Florian wütend.

Aber plötzlich ist Daniela auf der Seite der Eltern. „Flo, wir verlieren ihn doch nicht ganz. Und Andreas leiht ihn uns bestimmt mal aus. Oder, Papa?"

„Da bin ich sicher." Der Vater lächelt erleichtert. „Es wäre eine wirklich gute Tat, meint ihr nicht? Und ... es spricht ja nichts dagegen, dass wir uns wieder mal einen Hund zulegen."

Sie reden noch weiter, aber das interessiert mich nicht mehr. Ich finde nämlich, dass die letzte Entscheidung bei mir liegt.

Und weil die Menschen meine Sprache nie kapieren, muss ich es ihnen auf andere Weise erklären. Die Zwillinge müssen das einsehen – ich weiß, wo ich hingehöre. Wir können doch trotzdem Freunde bleiben!

Ich reiße mich von Daniela los. Aufgeregt renne ich zur Haustür, mache sie auf und sause nach nebenan. Ich richte mich auf, mit meiner Pfote klingle ich Sturm.

„Andreas!“, belle ich glücklich. Ich springe herum und führe mich auf wie ein Verrückter. „Andreas, jetzt komme ich zu dir – für immer!“

Die Romane zur erfolgreichen TV-Serie

ISBN 3-89748-612-1

ISBN 3-89748-613-X

ISBN 3-89748-631-8

- – Total verhext! Band 1
- – Ausgetrickst! Band 2
- – Hexe hin, Hexe her! Band 3
- – Gefährlicher Glitter Band 4
- – Sabrina macht Geschichte! Band 5
- – Magic Love Band 6
- – Hokuspokus, Hund und Harvey, Band 7
- – Verflixtes Glück! Band 8
- – Jetzt schlägts dreizehn! Band 9
- – Hilfe, Hexenjäger! Band 10
- – Eine Meerjungfrau am Haken, Band 11

al verhexter Zauberspaß, der nicht im Fernsehen gezeigt wird.